# CLASSIQUES LAROUSSE

Collection fondée en 1933 par FÉLIX GUIRAND

continuée par

LÉON LEJEALLE (1949 à 1968) et JEAN-POL CAPUT (1969 à 1972)
*Agrégés des Lettres*

# CHATEAUBRIAND

# RENÉ

avec une Notice biographique, une Notice historique et littéraire,
des Notes explicatives, une Documentation thématique,
des Jugements, un Questionnaire et des Sujets de devoirs,

par

## CHRISTIANE MARCELLESI
*Professeur de Lettres*

**texte intégral**

# LIBRAIRIE LAROUSSE

17, rue du Montparnasse, 75298 PARIS

# RÉSUMÉ CHRONOLOGIQUE
## DE LA VIE DE CHATEAUBRIAND
### 1768-1848

**1768** — **Naissance de François-René de Chateaubriand**, dixième enfant du comte de Chateaubriand et d'Apolline de Bedée, à **Saint-Malo** (4 septembre).

**1781-1782** — Études au collège de Dol, puis à celui de Rennes.

**1783** — Préparation, à Brest, de l'examen d'aspirant de marine; mais Chateaubriand ne sera pas marin. Il songe un moment à la prêtrise, puis au négoce.

**1786** — Il obtient une lieutenance au régiment de Navarre, en garnison à Cambrai. — Bref séjour à Paris. — Mort de son père (6 septembre) à Combourg.

**1787** — Aidé par son frère Jean-Baptiste, Chateaubriand est présenté à la Cour.

**1789-1790** — Il séjourne à Paris, fréquente les poètes, les gens de lettres, les philosophes : La Harpe, Parny, Lebrun, Fontanes, Chamfort; il fait des vers libertins.

**1790** — Il publie l'*Amour de la campagne*, dans l'*Almanach des Muses*.

**1791** — Chateaubriand **fait voile vers l'Amérique** (8 avril), arrive à Baltimore (10 juillet), part pour Philadelphie, New York, Boston. Il tente de voir Washington, s'embarque sur les chutes du Niagara, voit l'Ohio, le Mississippi. — Il quitte précipitamment l'Amérique (10 décembre) en apprenant l'arrestation de Louis XVI.

**1792** — Il débarque au Havre (2 janvier). — Il épouse une amie de sa sœur Lucile, **Céleste Buisson de Lavigne** (mars), et, le 15 juillet, prend avec son frère le **chemin de l'exil**, qui le mène d'abord à Bruxelles. Chateaubriand part ensuite **pour Coblence;** il participe au siège de Thionville, où il **est blessé.** Retour en Belgique : à Namur, puis à Bruxelles.

**1793** — Il passe en Angleterre (mai). Existence difficile : il fait des traductions, donne des leçons de français.

**1797-1799** — Publication de l'*Essai sur les révolutions* (1797). Il traduit les poèmes de Gray. Une grande œuvre est en train de s'élaborer : les *Natchez* (dont font partie les épisodes d'*Atala* et de *René*). Liaison avec Mⁿᵉ de Belloy, émigrée elle aussi. — Après la mort de sa mère (mai 1798) et de sa sœur, Mⁿᵉ de Farcy), Chateaubriand **revient au christianisme** et entreprend un ouvrage de restauration sociale et religieuse : le *Génie du christianisme*, auquel il rattache l'épisode d'*Atala*.

**1800** — Retour en France (mai). Début de la liaison avec Mⁿᵉ de Beaumont.

**1801** — **Publication** séparée d'*Atala* (2 avril). — Chateaubriand est radié de la liste des émigrés (juillet).

**1802** — Publication du *Génie du christianisme*, avec *René* et *Atala* (14 avril).

**1803** — Chateaubriand est nommé **secrétaire d'ambassade à Rome;** il découvre Florence, Rome (qu'il décrira à Fontanes dans la *Lettre à M. de Fontanes sur la campagne romaine*, 1804), la baie de Naples. Mort de Mⁿᵉ de Beaumont.

**1804** — Revenu en France, il accepte le poste de **ministre plénipotentiaire** dans le Valais, puis **démissionne** à la nouvelle de l'**exécution du duc d'Enghien.** — Mort de sa sœur Lucile.

**1805** — Édition définitive d'*Atala*, jointe à *René*.

**1806** — Départ pour l'Orient (juillet); voyage d'une année en Grèce, à Jérusalem avec retour par l'Égypte, la Tunisie, l'Espagne.

**1807** — Chateaubriand s'installe à la Vallée-aux-Loups et travaille aux *Martyrs*.

© 1971, *Librairie Larousse*, Paris.

ISBN

**1809** — Publication des *Martyrs* (mars). Chateaubriand commence ses *Mémoires*.

**1811** — Il est élu à l'Académie française; mais il ne prononce pas son discours, qui est un réquisitoire contre l'Empire. — Publication de l'*Itinéraire de Paris à Jérusalem*.

**1814** — Début de son activité politique par la publication du pamphlet royaliste *De Buonaparte et des Bourbons* (30 mars).

**1815** — Il accompagne Louis XVIII à Gand pendant les Cent-Jours; ministre de l'Intérieur, il est écarté de ce poste à la seconde Restauration et nommé pair de France : il passe à l'opposition ultra.

**1816** — Il blâme la « Chambre introuvable » dans *la Monarchie selon la Charte*, où il attaque même le roi; on le raye de la liste des ministres d'État.

**1818** — Il fonde avec ses amis politiques *le Conservateur* (qui disparaît en 1820) et impose au duc de Richelieu de faire entrer dans le ministère deux de ses amis, Villèle et Corbière.

**1819** — Début de la liaison avec Mme Récamier, qui vient de s'installer à l'Abbaye-aux-Bois.

**1821** — **Ministre plénipotentiaire** à Berlin. — Son titre et sa pension de ministre d'État lui sont rendus.

**1822** — Malgré ses espoirs de rentrer à Paris, il est envoyé au **congrès de Vérone** comme ministre plénipotentiaire et il est enfin nommé à Paris **ministre des Affaires étrangères**. Il pousse à l'**intervention armée contre l'Espagne libérale**; cette expédition aura lieu en 1823 et se terminera par le succès des armées françaises, qui rétablissent la monarchie absolue en Espagne.

**1824** — Malgré le succès de la guerre d'Espagne, Chateaubriand, qui s'est brouillé avec Villèle, reçoit l'ordre de remettre ses pouvoirs. Il passe à l'opposition libérale, collabore aux *Débats*, et défend contre les ministres de Charles X la liberté de la presse (août).

**1826** — Début de la **première édition des Œuvres complètes** avec *les Aventures du dernier Abencérage*, *les Natchez* (1826), le *Voyage en Amérique* (1827), les *Etudes historiques* (1831) et les autres œuvres antérieurement éditées.

**1828-1829** — **Ambassadeur à Rome** sous le ministère libéral Martignac, il démissionne sous le ministère Polignac (1829) et s'oppose aux ordonnances.

**1830** — Il refuse de se rallier à **Louis-Philippe** et donne sa démission de la Chambre des pairs.

**1832-1833** — Fidèle à ses convictions légitimistes, Chateaubriand se compromet dans les intrigues de la duchesse de Berry; il est poursuivi en cour d'assises, mais acquitté. Son voyage à Prague (1833) est destiné à tenter une réconciliation entre Charles X, exilé, et son aventureuse belle-fille.

**1836** — Il vend à une société ses *Mémoires*, qui ne devront paraître qu'après sa mort. — *Essai sur la littérature anglaise*. — Traduction du *Paradis perdu* de Milton.

**1838** — Publication du *Congrès de Vérone*.

**1841** — Il met la dernière main aux **Mémoires d'outre-tombe**.

**1843** — Il se rend une dernière fois à Londres, accompagnant les royalistes qui ont répondu à l'appel du comte de Chambord.

**1844** — *Vie de Rancé*.

**1848** — Les *Mémoires* paraissent en feuilleton dans *la Presse* contre la volonté de leur auteur. — **Mort de Chateaubriand à Paris** (4 juillet), 110, rue du Bac (l'actuel 120). Il est **enseveli**, selon son vœu, **sur l'îlot du Grand-Bé**, face à la mer, **devant Saint-Malo**.

*Chateaubriand avait trente et un ans de moins que Bernardin de Saint-Pierre, six ans de moins qu'André Chénier, deux ans de moins que Mme de Staël, un an de moins que Benjamin Constant. Il avait un an de plus que Napoléon, quinze ans de plus que Stendhal, vingt-deux ans de plus que Lamartine.*

# CHATEAUBRIAND ET SON TEMPS

| | la vie et l'œuvre de Chateaubriand | le mouvement intellectuel et artistique | les événements historiques |
|---|---|---|---|
| 1768 | Naissance de François-René de Chateaubriand à Saint-Malo (4 septembre). | Voltaire : *l'Homme aux quarante écus*. Quesnay : *Physiocratie*. Gabriel construit la place Louis-XV. | Traité de Versailles : la France acquiert la Corse. Premier voyage de Cook dans les mers du Sud. |
| 1791 | Voyage en Amérique (8 avril-10 décembre). | Volney : *les Ruines*, A. Chénier : *Ode sur le Serment du Jeu de paume*. Mozart : *la Flûte enchantée*. | Fuite du roi : son arrestation à Varennes. Fin de la Constituante. Réunion de la Législative. |
| 1792 | A l'armée des émigrés. Blessure devant Thionville. | A. Chénier : *Ode sur les Suisses de Châteauvieux*. Goethe : *Elégies romaines*. | Chute de la royauté (journées du 20 juin et du 10 août). Bataille de Valmy. Réunion de la Convention. |
| 1793 | Départ pour l'Angleterre. | Adoption légale du système métrique. | Exécution de Louis XVI. |
| 1800 | Retour en France. | Mᵐᵉ de Staël : *De la littérature*. Schiller : *la Mort de Wallenstein*. Cuvier : *Leçons d'anatomie comparée*. | Plébiscite sur la Constitution de l'an VIII (Consulat). Bataille de Marengo. |
| 1801 | *Atala*. | Baour-Lormian : traduction d'Ossian. Pixérécourt : *Coelina* (mélodrame). Schiller : *la Pucelle d'Orléans*. | Traité de Lunéville (9 février). Signature du Concordat (16 juillet). Démission de Pitt. |
| 1802 | *Génie du christianisme*. | Cabanis : *Traité du physique et du moral de l'homme*. | Paix d'Amiens. |
| 1804 | Démission des fonctions de ministre de France dans le Valais, à la suite de l'exécution du duc d'Enghien. | Sénancour : *Obermann*. Gros : *les Pestiférés de Jaffa*. Beethoven : *Symphonie héroïque*. | Constitution de l'an XII (Empire). Couronnement de Napoléon. |
| 1806 | Voyage en Terre sainte. | Lamarck : *Organisation des corps vivants*. | Batailles d'Iéna et d'Auerstedt. Prises de Berlin et de Varsovie. |
| 1809 | *Les Martyrs*. | N. Lemercier : *Christophe Colomb*. Goethe : *les Affinités électives*. | Enlèvement du pape. Batailles d'Essling et de Wagram. Prise de Vienne. |
| 1811 | Election à l'Académie. *Itinéraire de Paris à Jérusalem*. | Goethe : *Dichtung und Wahrheit*. V. Hugo au collège à Madrid. | Naissance du roi de Rome (20 mars). |
| 1815 | Ministre d'Etat de Louis XVIII pendant les Cent-Jours, puis pair de France. | Schlegel : *Histoire de la littérature*. | Bataille de Waterloo (18 juin). Seconde abdication de Napoléon. Louis XVIII rentre à Paris. |

| | | | |
|---|---|---|---|
| 1816 | La Monarchie selon la charte. Entre dans l'opposition. | B. Constant : Adolphe. Byron : le Pèlerinage de Childe Harold (chap. III). | Dissolution de la Chambre introuvable. |
| 1822 | Ministre plénipotentiaire au congrès de Vérone. Ministre des Affaires étrangères. | Vigny : Poèmes. Stendhal : De l'amour. Delacroix : Dante et Virgile aux Enfers. Champollion déchiffre les hiéroglyphes. | Proclamation de l'indépendance grecque. Massacres de Chio. |
| 1824 | Disgrâce. Se range dans l'opposition libérale. | V. Hugo : Nouvelles Odes. A. de Vigny : Eloa. Delacroix : les Massacres de Scio. | Election de la Chambre retrouvée. Mort de Louis XVIII. |
| 1828 | Ambassadeur à Rome. | Sainte-Beuve : Tableau de la poésie française au XVIe siècle. | Indépendance de la Grèce. |
| 1829 | Opposition au ministère Polignac. Donne sa démission d'ambassadeur. | V. Hugo : les Orientales. P. Mérimée : Chronique du règne de Charles IX. | Démission de Martignac; ministère Polignac. |
| 1830 | Opposition à Louis-Philippe. Donne sa démission de pair de France. | Lamartine : Harmonies poétiques et religieuses. Bataille d'Hernani. A. Comte : Cours de philosophie positive. | Prise d'Alger. Révolution de juillet. Révolutions en Belgique (août) et en Pologne (novembre). |
| 1832 | Arrestation pour complot contre la sûreté de l'Etat, lors de l'équipée de la duchesse de Berry. | A. de Musset : Un spectacle dans un fauteuil. G. Sand : Indiana. Mort de Goethe, de Cuvier. | Manifestations aux funérailles du général Lamarque. L'armée de Méhémet-Ali victorieuse des Turcs à Konieh. |
| 1833 | Mission à Prague auprès de Charles X exilé. Séjour à Venise. | H. de Balzac : Eugénie Grandet. A. de Musset : les Caprices de Marianne. G. Sand : Lélia. | Organisation de l'enseignement primaire par la loi Guizot. Création de la Société des droits de l'homme. |
| 1836 | Vente des Mémoires d'outre-tombe à la société Sala. Essai sur la littérature anglaise. | A. de Musset : Confession d'un enfant du siècle. Lamartine : Jocelyn. A. Dumas : Kean. | Ministère Thiers. |
| 1844 | Vie de Rancé. | A. de Vigny : la Maison du berger. Th. Rousseau : Marais dans les Landes. | Fondation de la Jeune-Europe par Mazzini. |
| 1848 | Les Mémoires paraissent en feuilleton dans la Presse. Mort de Chateaubriand à Paris (4 juillet). | A. Dumas fils : la Dame aux camélias (roman). | Chute de Louis-Philippe (février) et proclamation de la IIe République. |

# BIBLIOGRAPHIE SOMMAIRE

## ÉTUDES GÉNÉRALES
## SUR LA VIE ET L'ŒUVRE DE CHATEAUBRIAND

André Maurois — *René, ou la Vie de Chateaubriand* (Paris, Grasset, 1938).

Louis Martin-Chauffier — *Chateaubriand ou l'Obsession de la pureté* (Paris, N. R. F., coll. « Leurs figures », 1943).

Pierre Moreau — *Chateaubriand, l'homme et l'œuvre* (Paris, Boivin, 1956).

Maurice Levaillant — *Chateaubriand, prince des songes* (Paris, Hachette, 1960).

Victor-L. Tapié — *Chateaubriand par lui-même* (Paris, Éd. du Seuil, 1965).

## SUR « RENÉ »

Albéric Cahuet — *Un Werther féminin, Lucile de Chateaubriand* (Paris, Fasquelle, 1935).

Émile Henriot — *Portraits de femmes* (Paris, Plon, 1937).

Pierre Moreau — *Chateaubriand, René, les Mémoires d'outre-tombe* (les Cours de Sorbonne, Paris, Centre de documentation universitaire).

# RENÉ
## 1802

## NOTICE

### CE QUI SE PASSAIT EN 1802

■ **EN POLITIQUE. En France :** *Vote du Concordat avec l'Église catholique et promulgation des lois organiques qui réglementent les cultes et rétablissent les fêtes religieuses (8 avril). Cérémonie à Notre-Dame pour fêter la conclusion du Concordat. Sénatus-consulte accordant l'amnistie aux émigrés rentrés avant le I$^{er}$ vendémiaire an IX (26 avril). — Création des écoles primaires, secondaires, spéciales; institution de la Légion d'honneur (mai). — Bonaparte, premier consul à vie (2 août). Constitution de l'an X (16 août).*

*A l'étranger :* *Bonaparte, proclamé président de la république Cisalpine, devenue République italienne (janvier), annexe le Piémont et Parme (septembre-octobre). — Le traité d'Amiens (25 mars) met fin pour une courte période aux hostilités entre la France et l'Angleterre, qui durent depuis 1792.*

■ **EN LITTÉRATURE :** *Naissance de V. Hugo (26 février), de Lacordaire. M$^{me}$ de Staël publie* Delphine; *Goethe fait représenter* Iphigénie en Tauride, *tragédie.*

■ **DANS LES SCIENCES ET DANS LES ARTS :** *Lois de Gay-Lussac sur la dilatation des gaz. Laplace travaille à sa Mécanique céleste (3$^e$ vol.). — Les Saisons de Haydn. Beethoven compose la Symphonie Buonaparte, qui sera rebaptisée, en 1804, Symphonie héroïque (n$^o$ 3); il dédie à Giulietta Guicciardi la sonate dite du Clair de lune. — Gérard, portrait de M$^{me}$ Récamier.*

### COMPOSITION ET PUBLICATION DU ROMAN

*René* parut pour la première fois le 14 avril 1802, en même temps que le *Génie du christianisme*, dont il formait un des chapitres. Dans le *Génie*, il suivait le chapitre « Du vague des passions » (II$^e$ partie, livre III, chap. IX), qui forme sa préface naturelle.

C'est à Londres que, selon les *Mémoires*, *René* a été écrit, au cours des années d'émigration, après le voyage en Amérique. « On ne saura jamais, écrit Chateaubriand, relatant ses occupations à Londres, ce que c'est que de porter à la fois dans son cerveau, dans son sang, dans son âme *Atala* et *René*, et de mêler à l'enfantement douloureux de ces brûlants jumeaux le travail de conception des autres parties du *Génie du christianisme* » (*Mémoires d'outre-tombe*, Première partie, livre XI, chap. 8).

*René* semble avoir été conçu primitivement, ainsi qu'*Atala*, pour appartenir à l'ensemble des *Natchez* : dans *René*, le héros conte au vieux Natchez Chactas l'histoire de sa vie, de même que Chactas, dans l'épisode d'*Atala*, conte au jeune Européen sa propre jeunesse. *René* était donc destiné à faire partie de l' « épopée de l'homme dans la nature ». Intégré au *Génie du christianisme*, *René* doit montrer « les puissances d'une religion qui peut seule fermer les plaies que tous les hommes de la terre ne sauraient guérir » (*Mémoires d'outre-tombe*, IIᵉ partie, livre premier, chap. 9.)

Un tel changement d'orientation de l'œuvre a entraîné toute une série de remaniements. Le René de 1802 est différent du René des *Natchez* : sinon paisible, il est du moins touché par la grâce. Tout porte donc à croire que l'épisode de *René* a été profondément remanié avant d'être intégré au *Génie*. Il subit encore des corrections importantes dans l'édition de 1803, puis paraît sans modification jusqu'en 1805, date à laquelle il est édité, séparé du *Génie* et joint à *Atala*. Jusqu'en 1826 désormais, il sera presque toujours réédité avec *Atala*. En 1826, il aura sa place dans l'édition des œuvres complètes.

## LES INFLUENCES LITTÉRAIRES DANS « RENÉ »

Le roman de *René* présente une part d'autobiographie : un certain nombre de pages du roman, surtout parmi celles qui relatent les années d'enfance et d'adolescence, rappellent les *Mémoires*. Mais les réminiscences littéraires et livresques s'y mêlent.

C'est ainsi que l'influence de J.-J. Rousseau est avouée par Chateaubriand lui-même. L'idée de faire l' « épopée de l'homme dans la nature » date de l'époque où Chateaubriand était un disciple fervent de Rousseau. Et même si Chateaubriand renie son maître dans la Défense du *Génie du christianisme*, où il estime que « c'est J.-J. Rousseau qui introduisit le premier parmi nous ces rêveries si désastreuses et si coupables[1] », ce reniement est encore un aveu de l'influence profonde de Jean-Jacques sur son œuvre. La mélancolie de Saint-Preux, c'est la mélancolie de René; les *Confessions*, les *Rêveries* annoncent les désillusions de René, ses aspirations, sa solitude morale, son refus de la vie sociale. Enfin le *Discours sur l'inégalité*, avec son apologie de l'état de nature, trouve son écho dans *Atala* et dans *René*.

---

1. Voir page 22, lignes 38-39.

L'influence de Bernardin de Saint-Pierre, visible surtout dans *Atala,* se retrouve aussi dans *René,* jusque dans le détail de certaines expressions. Le secrétaire de Chateaubriand, le comte de Marcellus, écrit dans son livre *Chateaubriand et son temps* que Chateaubriand savait à peu près tout entier par cœur le roman de Bernardin de Saint-Pierre.

Les auteurs étrangers ont contribué également, de près ou de loin, à l'élaboration de *René.* Werther[1], comme Saint-Preux, est un frère aîné du héros de Chateaubriand : même mélancolie, même appel à la nature, même aspiration à la mort.

L'influence anglaise n'est pas la moins importante, ce qui n'étonne pas lorsqu'on se souvient que *René* fut composé durant les années d'exil de Chateaubriand en Angleterre. En premier lieu vient Ossian, ou plutôt Macpherson[2] : ce sont les souvenirs d'Ossian qui emportent René à travers les solitudes et les orages, au cœur de paysages vaporeux et brumeux. Le poète Gray[3] également trouve son écho dans *René* : les élégies que Chateaubriand traduisit et publia à Londres, *les Tombeaux champêtres,* expriment les méditations solitaires du poète. Chateaubriand avait goûté également *les Saisons* (1726-1730) de Thomson, l'extase du poète devant la nature, l'évocation de l'automne et de ses tristesses; enfin le poète anglais Beattie et son poème *le Ménestrel* (1771-1774) ne sont pas sans avoir influencé notre auteur : Chateaubriand y trouva le thème des premiers effets de la Muse sur un jeune barde, Edwin; en particulier, l'épisode des rêveries d'Edwin goûtant sur le sommet solitaire de la montagne le charme de la cloche rustique annonce l'attitude de René méditant au sommet de l'Etna.

Quant au thème de l'inceste, il est un des thèmes favoris de la littérature romanesque avant *René.* Chateaubriand rappelle lui-même que, si la tragédie de *Phèdre* n'avait pas été écrite par Racine, il en aurait utilisé la matière. Goethe, dans *Wilhelm Meister* (1796), a également traité ce sujet. Et bien avant eux, Ovide (*Héroïdes,* X) a dépeint dans ses vers le personnage d'une sœur amoureuse de son frère.

Outre ces thèmes essentiels, Chateaubriand, dans *René,* comme dans l'ensemble des *Natchez,* a utilisé une documentation puisée chez des historiens et des naturalistes des siècles précédents. Evidemment, le caractère exotique et indien du roman disparaît presque totalement dans *René :* mais les quelques allusions faites, surtout au début du roman, à l'histoire, à la langue, aux traditions ou à

---

**1.** *Werther,* roman de Goethe, date de 1774. Roman de l'amour impossible comme *la Nouvelle Héloïse,* l'œuvre en diffère cependant par le dénouement, puisque Werther se donne la mort; **2.** Les poèmes publiés Macpherson en 1760 sous le nom d'Ossian étaient en réalité l'œuvre de Macpherson lui-même; **3.** Le plus célèbre poème de Gray (1716-1771) est *l'Elégie écrite dans un cimetière de campagne* (1751).

la flore de la Louisiane ont leur source surtout dans l'*Histoire de la Nouvelle-France* (1744) du P. Charlevoix, jésuite français (1682-1761), qui avait été chargé par le Régent d'une mission officielle dans les possessions françaises d'Amérique du Nord.

## VÉRITÉ ET FICTION

Chateaubriand a donné à son héros un de ses prénoms, René. Dans la première partie du roman, fiction et confession autobiographique sont intimement mêlées; Chateaubriand s'inspire, en les dramatisant, de ses souvenirs d'enfance.

La jeunesse de René dans le sombre château gothique, c'est celle de Chateaubriand à Combourg. Comme Chateaubriand, René est timide et contraint devant son père. Comme Chateaubriand, René a erré sur les landes, a écouté les cloches du village et les hurlements de la tempête, s'est essayé à la poésie, a subi une violente crise intérieure au temps de son adolescence. Comme Chateaubriand encore, René eut un moment l'idée d'entrer dans les ordres, pensa au suicide, visita Rome et la Grèce, se rendit une dernière fois au château paternel avant son départ pour des aventures lointaines.

Nous observons la même concordance entre le personnage d'Amélie et la sœur de Chateaubriand, Lucile. Une même amitié lie le frère et la sœur dans le roman et dans la réalité, une même communauté de goûts pour les courses errantes, les mêmes exaltations mystiques et poétiques.

Néanmoins, sur un certain nombre de points, la fiction l'emporte sur la réalité, soit parce que Chateaubriand dramatise son sujet grâce à des procédés d'amplification, soit parce que les influences littéraires viennent se mêler aux souvenirs personnels.

C'est ainsi que sa mère n'est pas morte à sa naissance, comme il le dit dans *René* : cette mort semble être un souvenir du début des *Confessions* de Jean-Jacques. S'il se rendit au château de son père avant de quitter la France, les *Mémoires* prouvent qu'il ne put le visiter comme il le raconte dans *René*, en dramatisant ce dernier pèlerinage pour les besoins du roman.

Les caractères et les sentiments aussi sont différents sur bien des points. Loin de passer sa vie isolé comme René, Chateaubriand eut de nombreux amis. L'état d'âme qui nourrit la personnalité profonde de René et qui le suit durant toute sa vie n'est que temporaire chez Chateaubriand, lorsque, au début de son exil en Angleterre, il se trouve pauvre, malade et isolé. Enfin, si Amélie offre de grandes ressemblances avec Lucile, l'affection trouble qu'elle porte à son frère ne peut être attribuée à son modèle : Victor Giraud et Émile Henriot ont détruit toutes les calomnies qui avaient pu être lancées à ce sujet.

## LE MAL DE RENÉ

Dans *René*, Chateaubriand illustre le chapitre du *Génie du christianisme* sur « le Vague des passions ». Ce chapitre et le roman qui l'illustre et le complète sont une exploration des incertitudes du cœur, des abîmes de la désespérance. *René* est le roman d'une âme inquiète, tourmentée par une surabondance de vie, infinie dans ses aspirations, mais à qui la réalité n'offre rien qui puisse répondre à cette richesse de désirs et d'imagination. Il voudrait atteindre l'infini, mais plus rien ne le retient sur terre. C'est alors que le héros plonge dans le néant, le dégoût, l'ennui, qu'il se replie dans son orgueil et sa solitude, ignorant la société pour mener une existence en marge des hommes et rechercher des sensations rares avant de penser au suicide; il ne croit plus au bonheur, et, tout à son personnage de héros fatal, il se croit poursuivi par un destin malheureux. Personnage asocial, René se réfugie dans la vie sauvage, où il espère échapper à ses responsabilités et trouver peut-être le bonheur, tout en continuant de cultiver sa solitude morale, qui finit par devenir pour lui une véritable jouissance.

L'insertion du roman de *René* dans la première édition du *Génie du christianisme* prouve que Chateaubriand voulait donner au mal de son héros un sens apologétique et qu'il avait un but didactique. René est, pour Chateaubriand, un héritier de cet homme, que Pascal montre en équilibre entre les deux infinis, « juge de toutes choses, imbécile ver de terre, dépositaire du vrai, cloaque d'incertitude et d'erreur[1] », de l'homme corrompu par le péché originel et qui ne peut atteindre ni à la vérité ni au bonheur : « Nous avons, dit Pascal, une idée du bonheur, et ne pouvons y arriver; nous sentons une image de la vérité, et ne possédons que le mensonge; incapables d'ignorer absolument et de savoir certainement, tant il est manifeste que nous avons été dans un degré de perfection dont nous sommes malheureusement déchus. » La déchéance que décrit Pascal n'est-elle pas à l'image de René, qui, comme ses frères pascaliens, souhaite la vérité, et ne trouve en lui qu'incertitude, cherche le bonheur, et ne trouve que misère et mort? A René comme à l'homme selon Pascal, il reste « quelque instinct impuissant du bonheur de leur première nature, et ils sont plongés dans les misères de leur aveuglement et de leur concupiscence, qui est devenue leur seconde nature ». Un seul remède contre ce mal, selon Chateaubriand : Dieu, le cloître.

Pourtant, ce sens apologétique du roman s'estompe dans le discours du P. Souël, et même dans la lettre qu'Amélie adresse à son frère lors de son départ pour le cloître; ces deux textes insistent

---

1. Pascal, *Pensées*, éd. Lafuma, 131 (434). La citation suivante vient du même fragment.

sur les conséquences sociales de l'attitude de René; le goût de la solitude, la fuite devant ses semblables font de celui-ci un être inutile; dès lors, l'accent est mis non plus sur un refus définitif du monde par la claustration, mais sur la prise de conscience des responsabilités sociales, sur l'invitation à prendre place au milieu des hommes et à s'y rendre socialement utile. Le roman, dès lors, a non plus seulement cette signification religieuse que Chateaubriand semblait avoir voulu lui donner, mais une portée morale et pratique.

Le pessimisme janséniste ne saurait plus en effet satisfaire à lui seul les consciences en 1802; c'est qu'entre Pascal et Chateaubriand la philosophie du XVIIIᵉ siècle a dénoncé la vanité de l'inquiétude métaphysique et proposé un idéal positif : Montesquieu a insisté sur le devoir d'être utile à la nation et à l'humanité; Voltaire croit à l'action; et si J.-J. Rousseau s'est opposé aux autres philosophes de son temps, il s'est proposé la même fin qu'eux : le bonheur. *René* a beau être intégré au *Génie du christianisme*, dont l'idée directrice est une réaction contre l'esprit philosophique du XVIIIᵉ siècle, il est significatif que Chateaubriand n'en ait pas répudié complètement l'héritage. Cet aspect de l'œuvre date peut-être de la première rédaction du roman, mais il est important que Chateaubriand, dans les remaniements postérieurs, n'ait pas jugé bon d'effacer complètement cette leçon.

## L'INFLUENCE DE *RENÉ*

*René*, lors de sa publication, eut beaucoup moins de succès qu'*Atala;* quand le roman parut, incorporé au *Génie du christianisme*, il passa en effet à peu près inaperçu.

Mais avec le temps, son influence et sa réputation grandirent. A la chute de l'Empire, toute une génération de jeunes gens, désorientée et réduite à l'inaction, mais pleine encore des illusions de gloire, se reconnut dans René; le mal de René deviendra le « mal du siècle », nourri d'une inquiétude et d'un ennui qui enfantent le dégoût du travail utile, la fuite devant les responsabilités sociales et les rêves immenses, mais impossibles à réaliser par manque de volonté. La curieuse destinée du personnage de René a donc été de ne susciter que peu de résonance à l'époque où Chateaubriand le conçut et de laisser indifférents les lecteurs de l'époque impériale, attirés par l'ambition d'agir. C'est la jeunesse de 1815 qui crut se reconnaître en René et se mit à jouer ce personnage, dont la descendance se révèle nombreuse. Les héros du drame et de la poésie romantiques auraient-ils pu être ce qu'ils sont sans René? A la fois victimes et incarnations du destin, Ruy Blas, Hernani, Fantasio, Lorenzaccio, Rolla, Antony sont tous frères de René. Postérité également de *René* qu'*Adolphe*, les *Méditations poétiques, Volupté, les Nuits* et *la Confession d'un enfant du siècle*. Plus tard, le spleen baudelairien n'est-il pas un approfondissement de la désespérance et de l'ennui exprimés par le héros de Chateaubriand, tandis que le personnage du dandy est lui aussi un héritier plus lointain de René, avec son orgueilleux repliement sur soi-même, son mépris de la société. Spleen, désespérance, goût du néant reparaîtront sous une forme nouvelle au XXᵉ siècle : la fureur de vivre et le dégoût de vivre, qu'on a cru découvrir dans le comportement d'une certaine partie de la jeunesse après la Seconde Guerre mondiale, ont été comparés à un nouveau « mal du siècle ». Car si finalement les problèmes posés par *René* restent actuels, c'est qu'ils ne sont pas seulement psychologiques et individuels. Le mal dont souffre René est un mal social, celui d'un être jeune dans une société où il croit n'avoir aucune perspective d'avenir. C'est sur quoi le P. Souël met d'ailleurs l'accent; qu'il pense aux autres, qu'il se rende utile, et René guérira de son mal : « On ne hait les hommes et la vie que faute de voir assez loin [...]. Quiconque a reçu des forces, doit les consacrer au service de ses semblables. » Mais cette leçon d'humanisme passa inaperçue aux regards des contemporains de Chateaubriand, qui se délectèrent au contraire de la sombre mélancolie du héros. Si bien que Chateaubriand put écrire en 1837 dans les *Mémoires d'outre-tombe* :

« Si *René* n'existait pas, je ne l'écrirais plus; s'il m'était possible de le détruire, je le détruirais; il a infesté l'esprit d'une partie de la jeunesse, effet que je n'avais pu prévoir, car j'avais au contraire voulu la corriger. Une famille de René poètes et de René prosateurs a pullulé : on n'a plus entendu bourdonner que des phrases lamentables et décousues [...]. Il n'y a pas de grimaud sortant du collège qui n'ait rêvé être le plus malheureux des hommes; de bambin qui, à seize ans, n'ait épuisé la vie, qui ne se soit cru tourmenté par son génie. [...] Dans *René*, j'avais exposé une infirmité de mon siècle; mais c'était une autre folie aux romanciers d'avoir voulu rendre universelles des afflictions en dehors de tout. »

Mais si Chateaubriand, tel l'apprenti sorcier, semble, de son propre aveu, avoir créé un être qui lui échappe pour exercer ses ravages pendant de longues années encore, c'est qu'il a, comme l'écrit Théophile Gautier dans l'*Histoire du romantisme* (1874), « inventé la mélancolie et la passion moderne ».

## LE STYLE

Si la jeune génération du romantisme s'attacha tant à l'idéal représenté dans *René*, c'est très probablement aussi parce qu'elle prit plaisir à la forme de ce petit roman. On a parlé d'« ode au désespoir »[1], on a dit que « l'ensemble garde d'une façon soutenue l'harmonie émouvante d'un chant désespéré »[2]. Il est vrai que, pour discerner en quoi consiste exactement le lyrisme de cette prose

---

1. Thérèse Delarouzée, Notice de l'édition d'*Atala, René, les Natchez* (page 45), Éd. Larousse, 1934; 2. Fernand Letessier, Préface de l'édition d'*Atala, René, les Aventures du dernier Abencérage*, Éd. Garnier, 1962.

poétique, il faudrait soumettre l'ensemble du récit à une analyse minutieuse des *rythmes*, des *sonorités*, des *structures des phrases*, du *vocabulaire*. Tous les éléments grammaticaux, stylistiques et linguistiques contribuent, dans un tel texte, à entraîner le lecteur dans une sorte de flot verbal, à le faire vivre au rythme même des songes du héros. Le style se fait alors mouvement du cœur; et c'est en ce sens qu'on peut parler de lyrisme, de poésie, d'harmonie. Il n'est pas possible, dans le cadre de notre étude, de dénombrer et de classer les faits de style et de langue dont l'ensemble aboutit à ce résultat qui a fait donner à Chateaubriand le surnom d'« enchanteur ». Qu'il suffise d'attirer l'attention sur quelques faits essentiels.

### I. Le rythme.

#### 1. *Emploi du groupement ternaire :*

— « Je revenais au château paternel, situé *au milieu des forêts*, *près d'un lac*, *dans une province reculée*. » (Page 30, lignes 20-21.)
— « Nous aimions *à gravir les coteaux* ensemble, *à voguer sur le lac*, *à parcourir les bois* à la chute des feuilles. » (Page 31, lignes 25-27.)
— « Tout m'échappait à la fois, l'*amitié*, le *monde*, la *retraite*. » (Page 56, ligne 19.)

#### 2. *Emploi du groupement binaire :*

— « *Timide* et *contraint* devant mon père, je ne trouvais l'*aise* et le *contentement* que devant ma sœur Amélie. » (Page 31, lignes 22-23.)
— « Une douce conformité *d'humeur* et de *goûts* m'unissait étroitement à cette sœur. » (Page 31, lignes 23-25.)
— « J'ai souvent entendu *dans le grand bois*, *à travers les arbres*, les sons de la cloche lointaine. » (Page 34, lignes 40-42.)
— « C'est ainsi que toute ma vie j'ai eu devant les yeux une *création* à la fois *immense* et *imperceptible*, et un *abîme* ouvert à mes côtés. » (Page 44, lignes 101-103.)

L'emploi du groupe binaire est souvent uni à la présence d'une *répétition*, d'un *balancement oratoire :*

— « Tantôt nous marchions en silence [...]; tantôt, dans nos jeux innocents, nous poursuivions l'hirondelle dans la prairie. » (Page 31, lignes 30 et 32-33.)
— « Tantôt j'aurais voulu être un de ces guerriers errant au milieu des vents [...]; tantôt j'enviais jusqu'au sort du pâtre. » (Page 53, lignes 56-58 et 58-59.)

#### 3. *Procédés de développement de la phrase :*

*a)* Les éléments rythmiques, groupés par deux, trois ou quatre, sont disposés selon un ordre croissant ou décroissant des volumes, qui équilibre la phrase et en prolonge les échos :

— « Oh! quel cœur si mal fait n'a tressailli au bruit des cloches de son lieu natal, de ces cloches
    — qui frémirent de joie sur son berceau,
    — qui annoncèrent son avènement à la vie,
    — qui marquèrent le premier battement de son cœur,
    — qui publièrent dans tous les lieux d'alentour
        la sainte allégresse de son père,
        les douleurs et les joies encore plus ineffables de sa mère. »
        (Page 34, lignes 47-53.)

— « Je visitai
    — celle où ma mère avait perdu la vie en me mettant au monde,
    — celle où se retirait mon père,
    — celle où j'avais dormi dans mon berceau,
    — celle enfin où l'amitié avait reçu mes premiers vœux dans le sein
    d'une sœur. » (Pages 66-67, lignes 28-32.)

Dans cette phrase, l'ampleur des trois premiers groupes correspond à leur résonance dans le cœur du héros, et de l'auteur : que de soulagement révèle la brièveté du *celle où se retirait mon père*, soulagement rétrospectif du petit garçon contraint qu'était René face à son père. Quant au dernier groupe rythmique, beaucoup plus ample, il est lourd de l'émerveillement et de l'amitié exclusive de l'adolescent pour sa sœur.

*b*) La ponctuation joue elle aussi son rôle dans l'expressivité du style. Il arrive par exemple que Chateaubriand brise volontairement l'amplitude quasi habituelle de sa phrase pour terminer celle-ci sur un trait incisif rendu plus expressif encore par la brutalité de sa chute :

— « Je sortis du monastère comme de ce lieu d'expiation où des flammes nous préparent pour la vie céleste, où l'on a tout perdu comme aux enfers, *hors l'espérance*. » (Pages 70-71, lignes 96-99.)
— « J'avais voulu quitter la terre avant l'ordre du Tout-Puissant; *c'était un grand crime*. » (Page 72, lignes 21-22.)

*c*) L'amplitude, la progression de la phrase est souvent due aussi à sa *structure grammaticale*. C'est ainsi que souvent une relative vient terminer une phrase en la prolongeant et en l'amplifiant :

— « Tantôt nous marchions en silence, prêtant l'oreille au sourd mugissement de l'automne, ou au bruit des feuilles séchées, *que nous traînions tristement sous nos pas*. » (Page 31, lignes 30-32.)

Parfois même, afin de pouvoir employer ce moyen d'élargir la phrase, Chateaubriand utilise une périphrase à la place du nom commun plus simple et plus bref :

— « J'appris à connaître la mort sur les lèvres de *celui qui m'avait donné la vie*. » (Page 35, lignes 63-64.)

Ou bien encore la relative est terminée elle-même par un ou plusieurs compléments qui semblent vouloir prolonger indéfiniment la phrase :

— « Elle contemplait la mer, éclairée par l'astre des nuits, et semblait prêter l'oreille au bruit des vagues *qui se brisaient tristement sur des grèves solitaires*. » (Page 73, lignes 25-28.)

## II. *L'harmonie.*

I. L'utilisation des **sonorités** rend la musicalité des phrases remarquable. Toute la mélancolie de l'automne semble être contenue

dans cette phrase où dominent les nasales, les é fermés, les e muets,
les *ou* :

> — « Une feuille séchée, que le vent chassait devant moi, une cabane dont
> la fumée s'élevait dans la cime dépouillée des arbres, la mousse qui tremblait
> au souffle du Nord sur le tronc d'un chêne, une roche écartée, un étang désert
> où le jonc flétri murmurait. » (Page 54, lignes 68-73.)

2. Mais si le style donne finalement cette impression d'ample
sonorité et d'harmonie, c'est aussi grâce à l'**ampleur des images.**

Son rêve, hanté par le vague et l'illimité, donne naissance aux
vastes tableaux, aux vastes images; de là le thème de l'homme
seul en face de l'immensité : René sur l'Etna, la religieuse rêvant
à la fenêtre de sa cellule face à la mer.

Cette attirance pour l'infini du ciel, de la mer, du désert a son
équivalent dans le langage; les termes employés, leur groupement,
les images qu'ils forment expriment d'une part ces thèmes de prédilection : *vent, orages, tempêtes, murmures des vents, rumeur des flots,
abîme ouvert, retraites, solitude, songes, rêveries,* etc., et impliquent
d'autre part souvent des images spatiales et temporelles indéterminées, aux mille résonances poétiques : *une province reculée, nous
poursuivions l'arc-en-ciel sur les collines pluvieuses, quelque grande
vision de l'éternité, l'immensité de l'horizon, un abîme ouvert à mes côtés.*

Bien souvent même ces mots clefs ou bien terminent la phrase
(souvent longue), ou bien sont placés aux temps forts, donnant au
texte cette teinte douce-amère qui le caractérise.

Ainsi l'étude des thèmes clefs, des groupements rythmiques, des
structures grammaticales, des sonorités privilégiées révèle une
symbolique du langage et du style, symbolique qui a sa source dans
l'imagination de l'écrivain. L'harmonie d'un style qui fait vibrer
le lecteur à l'unisson d'un héros si semblable à son auteur méta-
morphose des mécanismes souvent empruntés aux formes tradition-
nelles de la rhétorique classique pour leur donner une résonance
nouvelle : sur ce point aussi, *René* est une œuvre capitale dans l'évolution de la littérature française vers le romantisme.

# EXTRAIT DE LA PRÉFACE DE 1805

*René*, qui accompagne *Atala* dans la présente édition, n'avait point encore été imprimé à part. Je ne sais s'il continuera d'obtenir la préférence que plusieurs personnes lui donnent sur *Atala*. Il fait suite naturelle à cet épisode, dont il diffère néanmoins par le style
5 et par le ton. Ce sont à la vérité les mêmes lieux et les mêmes personnages, mais ce sont d'autres mœurs et un autre ordre de sentiments et d'idées. Pour toute préface, je citerai encore les passages du *Génie du christianisme* et de la *Défense*, qui se rapportent à *René*.

EXTRAIT DU *Génie du christianisme*, IIe PARTIE, LIV. III,

CHAP. IX, INTITULÉ « DU VAGUE DES PASSIONS. »

Il reste à parler d'un état de l'âme, qui, ce nous semble, n'a pas encore été bien observé : c'est celui qui précède le développement des grandes passions, lorsque toutes les facultés, jeunes, actives, entières, mais renfermées, ne se sont exercées que sur elles-mêmes,
5 sans but et sans objet. Plus les peuples avancent en civilisation, plus cet état du *vague* des passions augmente; car il arrive alors une chose fort triste : le grand nombre d'exemples qu'on a sous les yeux, la multitude de livres qui traitent de l'homme et de ses sentiments, rendent habile, sans expérience. On est détrompé sans
10 avoir joui; il reste encore des désirs, et l'on n'a plus d'illusions. L'imagination est riche, abondante et merveilleuse, l'existence pauvre, sèche et désenchantée. On habite, avec un cœur plein, un monde vide; et sans avoir usé de rien, on est désabusé de tout.

L'amertume que cet état de l'âme répand sur la vie est incroyable;
15 le cœur se retourne et se replie en cent manières, pour employer des forces qu'il sent lui être inutiles. Les Anciens ont peu connu cette inquiétude secrète, cette aigreur des passions étouffées qui fermentent toutes ensemble : une grande existence politique, les jeux du gymnase et du champ de Mars, les affaires du forum et de la place publique,
20 remplissaient tous leurs moments, et ne laissaient aucune place aux ennuis du cœur.

D'une autre part, ils n'étaient pas enclins aux exagérations, aux espérances, aux craintes sans objet, à la mobilité des idées et des sentiments, à la perpétuelle inconstance, qui n'est qu'un dégoût
25 constant : dispositions que nous acquérons dans la société intime des femmes. Les femmes, chez les peuples modernes, indépendamment de la passion qu'elles inspirent, influent encore sur tous les autres sentiments. Elles ont dans leur existence un certain abandon qu'elles font passer dans la nôtre; elles rendent notre caractère
30 d'homme moins décidé; et nos passions, amollies par le mélange des leurs, prennent à la fois quelque chose d'incertain et de tendre.

Enfin, les Grecs et les Romains, n'étendant guère leurs regards

au-delà de la vie, et ne soupçonnant point des plaisirs plus parfaits
que ceux de ce monde, n'étaient point portés, comme nous, aux
35 rêveries et aux désirs par le caractère de leur religion. C'est dans
le génie du christianisme qu'il faut surtout chercher la raison de ce
*vague* des sentiments répandu chez les hommes modernes. Formée
pour nos misères et pour nos besoins, la religion chrétienne nous
offre sans cesse le double tableau des chagrins de la terre et des
40 joies célestes, et par ce moyen elle a fait dans le cœur une source
de maux présents et d'espérances lointaines, d'où découlent d'inépuisables rêveries. Le chrétien se regarde toujours comme un voyageur qui passe ici-bas dans une vallée de larmes, et qui ne se repose
qu'au tombeau. Le monde n'est point l'objet de ses vœux, car il
45 sait que l'*homme vit peu de jours*[1], et que cet objet lui échapperait vite.
    Les persécutions qu'éprouvèrent les premiers fidèles augmentèrent
en eux ce dégoût des choses de la vie. L'invasion des Barbares y mit
le comble, et l'esprit humain en reçut une impression de tristesse,
et peut-être même une légère teinte de misanthropie, qui ne s'est
50 jamais bien effacée. De toutes parts s'élevèrent des couvents, où
se retirèrent des malheureux trompés par le monde, ou des âmes
qui aimaient mieux ignorer certains sentiments de la vie, que de
s'exposer à les voir cruellement trahis. Une prodigieuse mélancolie
fut le fruit de cette vie monastique; et ce sentiment, qui est d'une
55 nature un peu confuse, en se mêlant à tous les autres, leur imprima
son caractère d'incertitude. Mais en même temps, par un effet bien
remarquable, le vague même où la mélancolie plonge les sentiments,
est ce qui la fait renaître; car elle s'engendre au milieu des passions,
lorsque ces passions sans objet se consument d'elles-mêmes dans
60 un cœur solitaire. **(1)**

---

1. Expression biblique, comme la *vallée de larmes*, deux lignes plus haut. La
première vient des Psaumes (LXXXIII, 7), la seconde du Livre de Job (XIV, 1).

— **QUESTIONS** —————————————

1. Énumérez les différentes causes de ce que Chateaubriand appelle
le « vague des passions ». En opposant l'homme moderne à l'homme de
l'Antiquité, Chateaubriand n'utilise-t-il pas une méthode comparable à
celle de M^me de Staël? — Dans la première édition du *Génie du christianisme* les lignes 50-60 étaient ainsi rédigées : « De toutes parts s'élevèrent des couvents, où se retirèrent des malheureux trompés par le monde,
et des âmes qui aimaient mieux ignorer certains sentiments de la vie que
de s'exposer à les voir cruellement trahis. Mais, de nos jours, quand les
monastères, ou la vertu qui y conduit, ont manqué à ces âmes ardentes,
elles se sont trouvées étrangères, au milieu de la religion, elles sont res-
tées dans le monde sans se livrer au monde : alors elles sont devenues
la proie de mille chimères; alors on a vu naître cette coupable mélancolie
qui s'engendre au milieu des passions, lorsque ces passions, sans objet,
se consument d'elles-mêmes dans un cœur solitaire. » Pourquoi ce changement de rédaction entre 1802 et 1805? — Les caractères fondamen-
taux du christianisme selon Chateaubriand; l'influence de Pascal.

Il suffirait de joindre quelques infortunes à cet état indéterminé des passions, pour qu'il pût servir de fond à un drame admirable. Il est étonnant que les écrivains modernes n'aient pas encore songé à peindre cette singulière position de l'âme. Puisque nous man-
65 quons d'exemples, nous serait-il permis de donner aux lecteurs un épisode extrait, comme *Atala*, de nos anciens *Natchez?* C'est la vie de ce jeune René, à qui Chactas a raconté son histoire. Ce n'est pour ainsi dire, qu'*une pensée ;* c'est la peinture du *vague des passions,* sans aucun mélange d'aventures, hors un grand malheur envoyé
70 pour punir René, et pour effrayer les jeunes hommes qui, livrés à d'inutiles rêveries, se dérobent criminellement aux charges de la société. Cet épisode sert encore à prouver la nécessité des abris du cloître pour certaines calamités de la vie, auxquelles il ne resterait que le désespoir et la mort, si elles étaient privées des retraites de
75 la religion. Ainsi le double but de notre ouvrage, qui est de faire voir comment le génie du christianisme a modifié les arts, la morale, l'esprit, le caractère, et les *passions* même des peuples modernes, et de montrer quelle prévoyante sagesse a dirigé les institutions chrétiennes; ce double but, disons-nous, se trouve également rempli
80 dans l'histoire de René. **(2)**

EXTRAIT DE LA *Défense du « Génie du christianisme »*

On a déjà fait remarquer la tendre sollicitude des critiques pour la pureté de la religion; on devait donc s'attendre qu'ils se formaliseraient des deux épisodes que l'auteur a introduits dans son livre. Cette objection particulière rentre dans la grande objection qu'ils
5 ont opposée à tout l'ouvrage, et elle se détruit par la réponse générale qu'on y a faite plus haut. Encore une fois, l'auteur a dû combattre des poèmes et des romans impies, avec des poèmes et des romans pieux; il s'est couvert des mêmes armes dont il voyait l'ennemi revêtu : c'était une conséquence naturelle et nécessaire du genre
10 d'apologie qu'il avait choisi. Il a cherché à donner l'exemple avec le précepte. Dans la partie théorique de son ouvrage, il avait dit que la religion embellit notre existence, corrige les passions sans les éteindre, jette un intérêt singulier sur tous les sujets où elle est employée; il avait dit que sa doctrine et son culte se mêlent merveil-
15 leusement aux émotions du cœur et aux scènes de la nature; qu'elle est enfin la seule ressource dans les grands malheurs de la vie : il ne suffisait pas d'avancer tout cela, il fallait encore le prouver. C'est

──────── **QUESTIONS** ────────

**2.** Quels sont les buts que Chateaubriand affirme s'être fixés en composant le *Génie du christianisme* et qu'il croit avoir atteints dans l'histoire de *René?* En réalité, ces buts sont-ils parfaitement clairs dans le roman?

ce que l'auteur a essayé de faire dans les deux épisodes de son livre.
Ces épisodes étaient en outre une amorce préparée à l'espèce de
20 lecteurs pour qui l'ouvrage est spécialement écrit. L'auteur avait-il
donc si mal connu le cœur humain, lorsqu'il a tendu ce piège inno-
cent aux incrédules? Et n'est-il pas probable que tel lecteur n'eût
jamais ouvert le *Génie du christianisme*, s'il n'y avait cherché *René*
et *Atala?*

25                      Sai che là corre il mondo, ove più  versi
                       Delle sue dolcezze il lusinghier Parnaso,
                       E che'l vero, condito in molli versi,
                       I più schivi alletando ha persuaso[1].


Tout ce qu'un critique impartial qui veut entrer dans l'esprit de
30 l'ouvrage, était en droit d'exiger de l'auteur, c'est que les épisodes
de cet ouvrage eussent une tendance visible à faire aimer la religion
et à en démontrer l'utilité. Or, la nécessité des cloîtres pour certains
malheurs de la vie, et pour ceux-là même qui sont les plus grands,
la puissance d'une religion qui peut seule fermer des plaies que tous
35 les baumes de la terre ne sauraient guérir, ne sont-elles pas invin-
ciblement prouvées dans l'histoire de René? L'auteur y combat en
outre le travers particulier des jeunes gens du siècle, le travers qui
mène directement au suicide. C'est J.-J. Rousseau qui introduisit
le premier parmi nous ces rêveries si désastreuses et si coupables.
40 En s'isolant des hommes, en s'abandonnant à ses songes, il a fait
croire à une foule de jeunes gens, qu'il est beau de se jeter ainsi dans
le vague de la vie. Le roman de Werther[2] a développé depuis ce
germe de poison. L'auteur du *Génie du christianisme*, obligé de faire
entrer dans le cadre de son apologie quelques tableaux pour l'ima-
45 gination, a voulu dénoncer cette espèce de vice nouveau, et peindre
les funestes conséquences de l'amour outré de la solitude (3). Les
couvents offraient autrefois des retraites à ces âmes contemplatives,
que la nature appelle impérieusement aux méditations. Elles y trou-
vaient auprès de Dieu de quoi remplir le vide qu'elles sentent en
50 elles-mêmes, et souvent l'occasion d'exercer de rares et sublimes
vertus. Mais depuis la destruction des monastères et les progrès de
l'incrédulité, on doit s'attendre à voir se multiplier au milieu de la
société (comme il est arrivé en Angleterre), des espèces de solitaires

---

**1.** Vers de *la Jérusalem délivrée*, du Tasse (I, 3). Le poète s'adresse à la Muse :
« Tu sais bien que le monde accourt là où le doux Parnasse prodigue le plus ses
tendresses et que la vérité exprimée en des vers caressants a conquis par sa séduc-
tion les plus réticents esprits. »; **2.** *Werther*, voir page 11, note 1.

─────── **QUESTIONS** ───────

**3.** Chateaubriand a-t-il raison d'associer Rousseau et Goethe dans la
même condamnation? — Ne renie-t-il pas des modèles auxquels il doit
lui-même beaucoup? — L'argumentation par laquelle il justifie la moralité de son récit est-elle nouvelle?

tout à la fois passionnés et philosophes, qui ne pouvant ni renoncer
55 aux vices du siècle, ni aimer ce siècle, prendront la haine des hommes
pour l'élévation du génie, renonceront à tout devoir divin et humain,
se nourriront à l'écart des plus vaines chimères, et se plongeront
de plus en plus dans une misanthropie orgueilleuse qui les conduira
à la folie, ou à la mort. (4)
60 Afin d'inspirer plus d'éloignement pour ces rêveries criminelles,
l'auteur a pensé qu'il devait prendre la punition de René dans le
cercle de ces malheurs épouvantables, qui appartiennent moins à
l'individu qu'à la famille de l'homme, et que les Anciens attribuaient
à la fatalité. L'auteur eût choisi le sujet de *Phèdre* s'il n'eût été traité
65 par Racine. Il ne restait que celui d'Érope et de Thyeste[1] chez les
Grecs, ou d'Amnon et de Thamar chez les Hébreux[2]; et bien qu'il
ait été aussi transporté sur notre scène[3], il est toutefois moins connu
que celui de Phèdre. Peut-être aussi s'applique-t-il mieux au caractère que l'auteur a voulu peindre. En effet, les folles rêveries de René
70 commencent le mal, et ses extravagances l'achèvent : par les premières, il égare l'imagination d'une faible femme; par les dernières,
en voulant attenter à ses jours, il oblige cette infortunée à se réunir
à lui; ainsi le malheur naît du sujet, et la punition sort de la faute.
Il ne restait qu'à sanctifier, par le christianisme, cette catastrophe
75 empruntée à la fois de l'antiquité païenne et de l'antiquité sacrée.
L'auteur, même alors, n'eut pas tout à faire; car il trouva cette histoire presque naturalisée chrétienne dans une vieille ballade de Pèle-
rin[4], que les paysans chantent encore dans plusieurs provinces. Ce
n'est pas par les maximes répandues dans un ouvrage, mais par
80 l'impression que cet ouvrage laisse au fond de l'âme, que l'on doit

---

1. Thyeste avait séduit l'épouse de son frère : cet exemple ne peut donc s'appliquer exactement à l'histoire de René et d'Amélie. Quant aux tragédies sur Thyeste,
en particulier celle de Sénèque (à laquelle Chateaubriand fait allusion dans une
note ajoutée à cette page), elles racontent la vengeance de Thyeste; 2. Épisode
raconté dans le deuxième Livre des Rois (XIII, 1, 22); 3. Allusion à *Abufar*, tragédie de Ducis (1795), où se retrouve une situation du même genre; 4. Allusion
très obscure. Chateaubriand fera une nouvelle citation de cette ballade dans les
*Mémoires d'outre-tombe* :

> C'est le chevalier des Landes,
> Malheureux chevalier...

--------- **QUESTIONS** ---------

4. Les conséquences de la disparition des couvents sont-elles présen-
tées exactement de la même manière que dans le *Génie du christianisme*
(voir page 20, lignes 50-60)? L'importance du ton prophétique adopté ici
par Chateaubriand. — A qui s'attaque Chateaubriand dans cette allusion
aux *solitaires tout à la fois passionnés et philosophes, qui [...] se prolonge-
ront de plus en plus dans une misanthropie orgueilleuse qui les conduira
à la folie ou à la mort?* Ne brûle-t-il pas ici, dans cette Préface de 1805,
ce qu'il a adoré au moment où germait en lui l'idée d'écrire l' « épopée
de l'homme dans la nature »?

juger de sa moralité. Or, la sorte d'épouvante et de mystère qui
règne dans l'épisode de René, serre et contriste le cœur sans y exci-
ter d'émotion criminelle. Il ne faut pas perdre de vue qu'Amélie
meurt heureuse et guérie, et que René finit misérablement. Ainsi,
85 le vrai coupable est puni, tandis que sa trop faible victime, remettant
son âme blessée entre les mains de *celui qui retourne le malade sur
sa couche*[1], sent renaître une joie ineffable du fond même des tristesses de son cœur. Au reste, le discours du P. Souël ne laisse aucun
doute sur le but et les moralités religieuses de l'histoire de René. (5)

90   On voit, par le chapitre cité du *Génie du christianisme*, quelle
espèce de passion nouvelle j'ai essayé de peindre; et, par l'extrait
de la *Défense*, quel vice non encore attaqué j'ai voulu combattre.
J'ajouterai que, quant au style, *René* a été revu avec autant de soin
qu'*Atala*, et qu'il a reçu le degré de perfection que je suis capable
95 de lui donner.

---

1. Expression inspirée de certains passages des Évangiles.

--- **QUESTIONS** ---

**5.** Analysez le dernier argument utilisé par Chateaubriand : quelles
autorités invoque-t-il? — Êtes-vous d'accord, avec Chateaubriand, que
*le discours du P. Souël ne laisse aucun doute sur le but et les moralités
religieuses de l'histoire de René?* Une autre leçon ne peut-elle être tirée
de ce discours?

« Un penchant mélancolique l'entraînait au fond des bois. » (Page 27.)
Illustration de Staal. Édition de 1849.

« Je revenais au château paternel, situé au milieu des forêts. » (Page 30.)
Château de Combourg (Ille-et-Vilaine).

# RENÉ

## [LE SECRET DE RENÉ]

*Besides*

En arrivant chez les Natchez[1], René avait été obligé de
prendre une épouse, pour se conformer aux mœurs des Indiens[2];
mais il ne vivait point avec elle. Un penchant mélancolique
l'entraînait au fond des bois[3]; il y passait seul des journées
5 entières, et semblait sauvage parmi des sauvages. Hors Chactas[4],
son père adoptif, et le P. Souël[5], missionnaire au fort Rosalie[6],
il avait renoncé au commerce des hommes. Ces deux vieillards
avaient pris beaucoup d'empire sur son cœur : le premier, par
une indulgence aimable; l'autre, au contraire, par une extrême
10 sévérité. Depuis la chasse du castor[7], où le Sachem[8] aveugle

1. *Les Natchez :* nation indienne de la Louisiane, au nord de La Nouvelle-Orléans;
2. L'arrivée de René chez les Natchez, son adoption par le sachem Chactas, son
mariage avec Céluta sont racontés dans *les Natchez.* G. Chinard rappelle que de
tels mariages entre Européens exilés et Indiennes n'étaient rares à l'époque ni dans
la réalité ni dans la littérature; il cite l'aventure fameuse du capitaine Smith et de
Pacahontas, le mariage du baron de Saint-Castin avec la fille du grand chef indien
Madockawando. Dans la littérature, ce thème était courant depuis le XVIIIe siècle
(voir l'*Alzire* de Voltaire, *la Jeune Indienne* de Chamfort, *les Incas* de Marmontel);
3. Chateaubriand, dans son enfance, manifestait le même goût pour les courses solitaires dans les bois; 4. *Chactas.* Ce nom est sans doute inspiré à Chateaubriand par
celui de la tribu des Tchactas, peuple de la Louisiane, cité par Charlevoix dans son
*Histoire de la Nouvelle France ;* 5. *Le P. Souël.* Ce missionnaire a réellement existé;
appartenant à la Compagnie de Jésus, il est arrivé en Louisiane en 1726 et fut massa-
cré en 1729. Le récit de cette destinée figure dans Charlevoix. Mais alors que ce reli-
gieux est mort en réalité à trente-quatre ans, Chateaubriand en a fait un vieillard;
6. *Le fort Rosalie* fut fondé par les Français sur le territoire des Natchez en 1716;
il porte ce nom en l'honneur de Mme la chancelière de Pontchartrain. Chateaubriand
a trouvé les détails de la construction de ce fort et de la guerre des Natchez dans
Charlevoix; 7. Cette chasse aux castors (ou du moins ses préparatifs) est racontée
dans *les Natchez ;* c'est au cours du voyage en canot que font les chasseurs sur le
Mississippi que Chactas raconte à René ses amours avec Atala, épisode qui deviendra le roman d'*Atala* lorsque Chateaubriand l'aura détaché de l'ensemble des *Natchez ;* 8. *Sachem.* J.-M. Gautier, dans l'*Exotisme américain dans l'œuvre de Chateaubriand,* explique l'origine de ce mot : *sachem* est le nom que les Phéniciens donnaient
à leurs premiers magistrats civils. Or Carver, qui fut une des sources livresques de
Chateaubriand, explique que chez les Indiens, en dehors du grand guerrier, il y a
un autre chef qui, par droits héréditaires, a une prééminence sur toute la tribu et
règle en quelque sorte l'administration des affaires civiles. Carver ajoute qu'il « pourrait à bon titre être appelé le Sachem ». Chateaubriand s'est emparé de ce rappro-
chement de Carver et a attribué ce titre au vieux et sage Chactas.

raconta ses aventures à René, celui-ci n'avait jamais voulu
parler des siennes. Cependant Chactas et le missionnaire dési-
raient vivement connaître par quel malheur un Européen bien
né avait été conduit à l'étrange résolution de s'ensevelir dans
15 les déserts de la Louisiane. René avait toujours donné pour
motifs de ses refus, le peu d'intérêt de son histoire qui se
bornait, disait-il, à celle de ses pensées et de ses sentiments[1].
« Quant à l'événement qui m'a déterminé à passer en Amérique,
ajoutait-il, je le dois ensevelir dans un éternel oubli[2]. » (1)
20    Quelques années s'écoulèrent de la sorte, sans que les deux
vieillards lui pussent arracher son secret. Une lettre qu'il
reçut d'Europe, par le bureau des Missions étrangères[3], redou-
bla tellement sa tristesse, qu'il fuyait jusqu'à ses vieux amis.
Ils n'en furent que plus ardents à le presser de leur ouvrir
25 son cœur ; ils y mirent tant de discrétion, de douceur et d'auto-
rité, qu'il fut enfin obligé de les satisfaire. Il prit donc jour
avec eux, pour leur raconter, non les aventures de sa vie, puisqu'il n'en avait point éprouvées, mais les sentiments secrets
de son âme. (2)
30    Le 21 de ce mois que les Sauvages appellent *la lune des
fleurs*[4], René se rendit à la cabane de Chactas. Il donna le bras
au Sachem[5], et le conduisit sous un sassafras[6], au bord du

---

1. A rapprocher de cette expression des *Natchez* « le cœur de René ne se raconte
pas » ; 2. Bernardin de Saint-Pierre : « Une terre [...] où la mémoire même de la plupart des rois est bientôt *ensevelie dans un éternel oubli* » (*Paul et Virginie*, éd. orig.,
page 227) ; 3. La Société des *Missions étrangères*, dont le Séminaire, fondé en 1663
et rétabli définitivement en 1815, après les troubles de la Révolution et de l'Empire,
est installée 128, rue du Bac. Chateaubriand s'établit en 1838 dans l'hôtel voisin
et son service funèbre fut célébré dans la chapelle du Séminaire ; 4. *La lune des
fleurs* : le mois de mai (dénomination empruntée au calendrier des Cipavois,
d'après Charlevoix) ; 5. Voir page 27, note 8 ; 6. *Sassafras* : d'après Imlay, cité
par G. Chinard, le *sassafras* est « un arbre haut et large à l'écorce fine et cra-
quelée par endroits, dont le bois, assez semblable à celui du cannelier, dégage
un agréable parfum.

---

## QUESTIONS

1. Les éléments de la fiction romanesque : montrez la précision et
la sobriété de cette « exposition ». — Que nous apprend déjà cette page
sur l'état d'âme de René ? Commentez en particulier l'expression *sauvage
parmi des sauvages* (ligne 5). — Les deux vieillards : quel double symbole
représentent-ils en face de la jeunesse de René ?

2. Par quel procédé le romancier fait-il sortir ses personnages de la
situation d'attente dans laquelle il les avait mis ? — En précisant que
René racontera *non les aventures de sa vie, puisqu'il n'en avait point éprouvées* (ligne 27), Chateaubriand insiste sur une idée déjà exprimée aupa-
ravant. Laquelle ? Quel avertissement donne-t-il ainsi au lecteur ?

Meschacebé[1]. Le P. Souël ne tarda pas à arriver au rendez-
vous. L'aurore se levait : à quelque distance dans la plaine,
35 on apercevait le village des Natchez, avec son bocage de mûriers,
et ses cabanes[2] qui ressemblent à des ruches d'abeilles. La colo-
nie française et le fort Rosalie se montraient sur la droite,
au bord du fleuve. Des tentes, des maisons à moitié bâties,
des forteresses commencées, des défrichements couverts de
40 Nègres, des groupes de Blancs et d'Indiens, présentaient dans
ce petit espace, le contraste des mœurs sociales et des mœurs
sauvages. Vers l'Orient, au fond de la perspective, le soleil
commençait à paraître entre les sommets brisés des Apalaches,
qui se dessinaient comme des caractères d'azur dans les hau-
45 teurs dorées du ciel; à l'occident, le Meschacebé roulait ses
ondes dans un silence magnifique, et formait la bordure du
tableau avec une inconcevable grandeur. **(3)**

Le jeune homme et le missionnaire admirèrent quelque
temps cette belle scène, en plaignant le Sachem qui ne pou-
50 vait plus en jouir; ensuite le P. Souël et Chactas s'assirent
sur le gazon, au pied de l'arbre; René prit sa place au milieu
d'eux, et après un moment de silence, il parla de la sorte à ses
vieux amis :

### [L'ENFANCE ET LA JEUNESSE DE RENÉ]

« Je ne puis, en commençant mon récit, me défendre d'un
mouvement de honte. La paix de vos cœurs, respectables vieillards, et le calme de la nature autour de moi, me font rougir
du trouble et de l'agitation de mon âme[3].

5    « Combien vous aurez pitié de moi! Que mes éternelles

---

1. *Meschacebé* : nom que Chateaubriand donne au Mississippi. D'après J.-M. Gautier, seul Daniel Coxe, parmi tous les voyageurs qui ont écrit des relations de voyages,
a donné ce nom à ce fleuve. Les indigènes l'appelaient Meschassepi; 2. Le « grand
village » des Natchez est décrit par Charlevoix; 3. Réminiscence de *Paul et Virginie* :
« Comme si le calme de la nature pouvait apaiser les troubles malheureux de l'âme. »

――――― ■ QUESTIONS ―――――

**3.** Le décor : appréciez la composition de ce tableau; montrez comment la longueur des phrases et leur rythme sont parfaitement adaptés
au mouvement même de la vision; appréciez en particulier l'ampleur,
le rythme, les sonorités de la dernière phrase en évoquant le Meschacebé. — Les images de la vie coloniale : Chateaubriand apprécie-t-il le
*contraste entre les mœurs sociales et les mœurs sauvages* (ligne 41) de la
même façon que Rousseau? — Pourquoi donner un cadre aussi majestueux aux confidences de René?

inquiétudes vous paraîtront misérables! Vous qui avez épuisé
tous les chagrins de la vie, que penserez-vous d'un jeune homme
sans force et sans vertu, qui trouve en lui-même son tourment,
et ne peut guère se plaindre que des maux qu'il se fait à lui-
10 même? Hélas, ne le condamnez pas; il a été trop puni! **(4)**

« J'ai coûté la vie à ma mère en venant au monde[1]; j'ai été
tiré de son sein avec le fer. J'avais un frère que mon père bénit,
parce qu'il voyait en lui son fils aîné[2]. Pour moi, livré de bonne
heure à des mains étrangères, je fus élevé loin du toit paternel[3].

15 « Mon humeur était impétueuse, mon caractère inégal. Tour
à tour bruyant et joyeux, silencieux et triste, je rassemblais
autour de moi mes jeunes compagnons; puis, les abandonnant
tout à coup, j'allais m'asseoir à l'écart, pour contempler la
nue fugitive, ou entendre la pluie tomber sur le feuillage[4].

20 « Chaque automne[5], je revenais au château paternel, situé
au milieu des forêts, près d'un lac, dans une province reculée[6]. **(5)**

---

1. Chateaubriand ici ne s'identifie plus à René : sa naissance n'a pas coûté la
vie à sa mère; il semble plutôt y avoir là une réminiscence de J.-J. Rousseau : « Je
naquis infirme et malade; je coûtai la vie à ma mère, et ma naissance fut le premier
de mes malheurs » (*Confessions*, I); 2. Il est possible que nous ayons ici un souvenir
des prétentions « féodales » du père de Chateaubriand; 3. Les *Mémoires d'outre-
tombe* (Iʳᵉ partie, livre premier, chap. 30) rappellent cet épisode de l'enfance de
Chateaubriand, sa mise en nourrice : « En sortant du sein de ma mère je subis mon
premier exil : on me relégua à Plancouët »; 4. Chateaubriand adolescent, si nous nous
reportons aux premiers livres des *Mémoires*, semble bien avoir un caractère analogue
à celui de René. Mais Rousseau, au début des *Confessions*, raconte des faits analogues,
mettant l'accent sur l'instabilité de son humeur. Nous avons ici un mélange de souvenirs personnels et des réminiscences littéraires; 5. Chateaubriand, à plusieurs reprises,
a rappelé son amour de l'automne (*Mémoires*, Iʳᵉ partie, livre III, chap. 13). Ce goût de
l'automne lui était d'ailleurs commun avec les autres écrivains de sa génération
(voir Senancour, *Obermann*, lettre XXIV); 6. Il s'agit évidemment d'un souvenir
personnel, d'une réminiscence du château de Combourg.

---

=========== **QUESTIONS** ===========

4. Relevez les termes qui expriment à la fois l'humilité du pénitent
et la fatalité du héros tragique. — N'y a-t-il pas chez René la volonté
d'être lucide? Montrez-le. — Le mouvement lyrique de ces deux paragraphes : analysez-en le rythme et le développement.

5. L'évocation de la naissance de René et de sa première enfance :
appréciez la part des souvenirs personnels et celle de la fiction. Quel
reproche implicite René fait-il à son père? — Montrez dans quelle mesure
le caractère de René enfant est également une synthèse de souvenirs
personnels et de souvenirs littéraires. En vue de quel effet les détails sont-
ils choisis? Appréciez le rythme de la phrase des lignes 20-21, en particulier le rôle joué par le groupe ternaire des compléments circonstanciels
de lieu. — A quels éléments romantiques du cadre et de la saison est
liée la nature de René?

climb        hills

« Timide et contraint devant mon père[1], je ne trouvais l'aise et le contentement qu'auprès de ma sœur Amélie[2]. Une douce conformité d'humeur et de goûts m'unissait étroitement
25 à cette sœur[3]; elle était un peu plus âgée que moi. Nous aimions à gravir les coteaux ensemble, à voguer sur le lac, à parcourir les bois à la chute des feuilles[4] : promenades dont le souvenir remplit encore mon âme de délices. O illusions de l'enfance et de la patrie, ne perdez-vous jamais vos douceurs?

30 « Tantôt nous marchions en silence, prêtant l'oreille au sourd mugissement de l'automne, ou au bruit des feuilles séchées, que nous traînions tristement sous nos pas; tantôt, dans nos jeux innocents, nous poursuivions l'hirondelle[5] dans la prairie, l'arc-en-ciel sur les collines pluvieuses; quelquefois
35 aussi nous murmurions des vers que nous inspirait le spectacle de la nature. Jeune, je cultivais les Muses[6]; il n'y a rien de plus poétique, dans la fraîcheur de ses passions, qu'un cœur de seize années. Le matin de la vie[7] est comme le matin du jour, plein de pureté, d'images et d'harmonies. (6)

---

1. Dans les *Mémoires* (Ire partie, livre III, chap. 3), Chateaubriand rappelle la crainte qu'il ressentait en présence de son père; 2. Il s'agit de la sœur de Chateaubriand, Lucile, de quatre ans son aînée; 3. Dans la première partie des *Mémoires* (voir Documentation thématique), Chateaubriand évoque longuement leurs rêves communs, leurs promenades solitaires, leurs tentatives littéraires. L'expression est peut-être une réminiscence de Rousseau : « Une parfaite conformité de goûts et d'humeur m'unit à toi dès l'enfance » (*Nouvelle Héloïse*, IIIe partie, lettre V); 4. *Mémoires*, Ire partie, livre III, chap. 8 : « Notre principal désennui consistait à nous promener côte à côte dans le grand Mail, au printemps sur un tapis de primevères, en automne sur un lit de feuilles séchées » (voir Documentation thématique). Le goût des promenades *à la chute des feuilles* était d'ailleurs très souvent exprimé dans la littérature de l'époque (voir Delille, *les Jardins*, chant II); 5. Chateaubriand semble avoir une prédilection particulière pour cet oiseau. (*Mémoires*, Ire partie, livre III, chap. 13); 6. Encore un souvenir personnel rapporté dans les *Mémoires* (Ire partie, livre III, chap. 8) : « Ce fut dans une de ces promenades que Lucile, m'entendant parler avec ravissement de la solitude, me dit : « Tu devrais peindre tout cela » (voir Documentation thématique); 7. Bernardin de Saint-Pierre, *Paul et Virginie* : « Au matin de la vie ils en avaient toute la fraîcheur. »

--- **QUESTIONS** ---

6. Les rapports entre René et sa sœur Amélie : en vous aidant de la Documentation thématique, relevez les détails que Chateaubriand a puisés dans ses souvenirs personnels; précisez les traits de caractère qui expliquent la sympathie profonde entre le frère et la sœur. — Analysez le rythme de la longue phrase des lignes 30-34; que suggère-t-il? Étudiez d'autre part les sonorités. Dans quelle mesure sont-elles en harmonie avec la saison et les mouvements de la nature? — La naissance de la poésie : l'expression *cultiver les Muses* correspond-elle exactement à la façon dont René conçoit l'inspiration? — Le rôle des passions jusqu'à l'adolescence : sont-elles mauvaises? En quoi Chateaubriand rejoint-il ici la pensée de Rousseau?

Chateaubriand adolescent.

Peinture anonyme. Musée de Morlaix.

Lucile de Chateaubriand à vingt-cinq ans.

40 « Les dimanches et les jours de fête, j'ai souvent entendu,
dans le grand bois, à travers les arbres, les sons de la cloche
lointaine¹ qui appelait au temple l'homme des champs. Appuyé
contre le tronc d'un ormeau, j'écoutais en silence le pieux
murmure. Chaque frémissement de l'airain portait à mon
45 âme naïve l'innocence des mœurs champêtres, le calme de la
solitude, le charme de la religion, et la délectable mélancolie
des souvenirs de ma première enfance. Oh! quel cœur si mal
fait n'a tressailli au bruit des cloches de son lieu natal, de ces
cloches qui frémirent de joie sur son berceau, qui annoncèrent
50 son avènement à la vie, qui marquèrent le premier battement
de son cœur, qui publièrent dans tous les lieux d'alentour la
sainte allégresse de son père, les douleurs et les joies encore
plus ineffables de sa mère! Tout se trouve dans les rêveries
enchantées où nous plonge le bruit de la cloche natale : reli-
55 gion, famille, patrie, et le berceau et la tombe, et le passé et
l'avenir. (7)

« Il est vrai qu'Amélie et moi nous jouissions plus que
personne de ces idées graves et tendres, car nous avions tous
les deux un peu de tristesse au fond du cœur : nous tenions
60 cela de Dieu ou de notre mère². (8)

---

1. Chateaubriand est très sensible aux sonneries des cloches. Il en exprime le
charme poétique dans le *Génie du christianisme* (livre IV, chapitre premier). Les
cloches sont également des thèmes chers aux poètes anglais (Beattie, *le Ménestrel* :
« Quand la cloche du soir, balancée dans les airs, chargeait de ses gémissements la
brise solitaire, le jeune Edwin, marchant avec lenteur, et prêtant une oreille atten-
tive, se plongeait dans le fond des vallées. » — Gray, les *Tombeaux champêtres* :
« Dans les airs frémissans, j'entends le long murmure de la cloche du soir qui tinte
avec lenteur »); 2. Dans les *Mémoires* (Iʳᵉ partie, livre premier, chap. 2), Chateaubriand écrit au contraire au sujet de sa mère : « L'élégance de ses manières, l'allure
vive de son humeur contrastait avec la rigidité et le calme de mon père. Aimant
la société autant qu'il aimait la solitude, aussi pétulante et animée qu'il était immobile et froid [...]. La contrariété qu'elle éprouva la rendit mélancolique de légère et
gaie qu'elle était. ».

---

**QUESTIONS**

7. Le thème des cloches : quel caractère donne-t-il à ce paragraphe?
Relevez les termes nobles : dans quelle mesure accentuent-ils le caractère
du texte? — Appréciez dans ce paragraphe le goût de l'attitude, de la
mise en scène : dans quel décor le son des cloches est-il propice à la rêverie? Jusqu'où se développe la rêverie à partir de leur tintement lointain?
— Citez des textes de l'époque romantique qui reprendront à leur tour
ce thème des cloches.

8. René et sa sœur sont-ils des êtres humains selon la définition commune? Pourquoi est-il nécessaire qu'ils aient une certaine singularité?
— Rousseau prétendait que la fatalité donnait une âme sensible à certains êtres privilégiés : l'explication de Chateaubriand est-elle la même?

« Cependant mon père fut atteint d'une maladie qui le conduisit en peu de jours au tombeau. Il expira dans mes bras[1]. J'appris à connaître la mort sur les lèvres de celui qui m'avait donné la vie. Cette impression fut grande; elle dure encore.

65 C'est la première fois que l'immortalité de l'âme s'est présentée clairement à mes yeux. Je ne pus croire que ce corps inanimé était en moi l'auteur de la pensée : je sentis qu'elle me devait venir d'une autre source; et dans une sainte douleur qui approchait de la joie, j'espérai me rejoindre un jour à l'esprit de mon

70 père.

« Un autre phénomène me confirma dans cette haute idée. Les traits paternels avaient pris au cercueil quelque chose de sublime. Pourquoi cet étonnant mystère ne serait-il pas l'indice de notre immortalité? Pourquoi la mort qui sait tout, n'aurait-

75 elle pas gravé sur le front de sa victime les secrets d'un autre univers? Pourquoi n'y aurait-il pas dans la tombe quelque grande vision de l'éternité? **(9)**

« Amélie accablée de douleur, était retirée au fond d'une tour, d'où elle entendit retentir, sous les voûtes du château

80 gothique, le chant des prêtres du convoi et les sons de la cloche funèbre[2].

« J'accompagnai mon père à son dernier asile; la terre se referma sur sa dépouille; l'éternité et l'oubli le pressèrent de tout leur poids; le soir même l'indifférent passait sur sa tombe;

85 hors pour sa fille et pour son fils, c'était déjà comme s'il n'avait jamais été.

---

1. En fait, M. de Chateaubriand mourut le 6 septembre 1786, à Combourg, alors que son fils était en garnison à Cambrai. Celui-ci apprit le décès par une lettre de Lucile; 2. En réalité, c'est lui-même qui, au cours de son adolescence, se réfugiait souvent dans son « donjon », où « relégué dans l'endroit le plus désert, à l'ouverture des galeries, [il] ne perdait pas un murmure des ténèbres ». Il entendait « les souterrains » qui « poussaient des mugissements » (*Mémoires*, Ire partie, livre III, chap. 5).

---

──────── **QUESTIONS** ────────

9. L'utilisation de souvenirs personnels : comment l'écrivain transforme-t-il ces souvenirs? En vue de quel effet? — Quelle révélation René reçoit-il devant son père mort? Les deux preuves de l'immortalité de l'âme sont-elles de même nature? — Pourquoi fallait-il que René eût par lui-même l'expérience d'une telle vérité, au lieu de l'avoir connue par la leçon de ses éducateurs? — Le rythme de la phrase dans ces deux paragraphes : quelles différences y trouve-t-on par rapport aux précédents?

« Il fallut quitter le toit paternel, devenu l'héritage de mon frère : je me retirai avec Amélie chez de vieux parents[1]. (10)

## [L'APPEL DE LA VIE MONASTIQUE]

« Arrêté à l'entrée des voies trompeuses de la vie, je les considérais l'une après l'autre, sans m'y oser engager. Amélie m'entretenait souvent du bonheur de la vie religieuse[2]; elle me disait que j'étais le seul lien qui la retînt dans le monde, 5 et ses yeux s'attachaient sur moi avec tristesse.

« Le cœur ému par ces conversations pieuses, je portais souvent mes pas vers un monastère, voisin de mon nouveau séjour; un moment même j'eus la tentation d'y cacher ma vie[3]. Heureux ceux qui ont fini leur voyage, sans avoir quitté le 10 port[4], et qui n'ont point, comme moi, traîné d'inutiles jours sur la terre! (11)

« Les Européens incessamment agités sont obligés de se bâtir des solitudes. Plus notre cœur est tumultueux et bruyant, plus le calme et le silence nous attirent. Ces hospices de mon

---

1. Après la mort de M. de Chateaubriand, les membres de la famille se dispersèrent « comme des oiseaux s'envolent du nid paternel ». Le château revint à l'aîné, Jean-Baptiste. François-René partit de garnison en garnison, à Paris, à Fougères. Quant à Lucile, elle s'installa chez sa sœur, Julie de Farcy; 2. Voir dans les *Mémoires*, Ire partie, livre III, chap. 7, les souvenirs sur la piété de Lucile (Documentation thématique); 3. Les *Mémoires* rapportent que, après avoir préparé à Brest l'examen d'aspirant de marine, Chateaubriand à songé un moment à la prêtrise, avant d'obtenir une lieutenance au régiment de Navarre, en garnison à Cambrai, après une longue crise de deux ans, au cours de laquelle il connaît tous les tourments de l'adolescence : « Abbé? je me parus ridicule. Evêque? la majesté du sacerdoce m'imposait et je reculais avec respect devant l'autel [...]. Je dis donc à ma mère que je n'étais pas assez fortement appelé à l'état ecclésiastique » (*Mémoires*, Ire partie, livre III, chap. 16); 4. Le thème de la vanité des voyages revient souvent chez Chateaubriand. Ainsi dans *les Natchez* : « Tout se réduit souvent, pour le voyageur, à échanger, dans la terre étrangère, des illusions contre des souvenirs » (éd. Chinard, page 117).

---

**QUESTIONS**

10. L'attitude différente de René et de sa sœur à la mort de leur père prouve-t-elle une différence de sentiment? — Quelles sont ici encore la part des souvenirs personnels et celle de la fiction? — En reprenant le texte à la ligne 78, étudiez comment le romancier a fait défiler les différents moments de la mort et des obsèques de son père : à quelles images et à quel sentiment est lié ici le thème de la mort?

11. Que semble rechercher René après la mort de son père et au sortir des conversations pieuses avec sa sœur? — Quels traits de son caractère le poussent à la tentation de la vie monastique? Est-ce vraiment une vocation?

15 pays, ouverts aux malheureux et aux faibles, sont souvent
cachés dans des vallons qui portent au cœur le vague sentiment
de l'infortune et l'espérance d'un abri[1]; quelquefois aussi on
les découvre sur de hauts sites où l'âme religieuse, comme une
plante des montagnes, semble s'élever vers le ciel pour lui
20 offrir ses parfums[2]. **(12)**

« Je vois encore le mélange majestueux des eaux et des bois
de cette antique abbaye où je pensai dérober ma vie aux
caprices du sort; j'erre encore au déclin du jour dans ces
cloîtres retentissants et solitaires. Lorsque la lune éclairait
25 à demi les piliers des arcades, et dessinait leur ombre sur le
mur opposé, je m'arrêtais à contempler la croix qui marquait
le champ de la mort, et les longues herbes qui croissaient
entre les pierres des tombes. O hommes, qui ayant vécu loin
du monde, avez passé du silence de la vie au silence de la
30 mort, de quel dégoût de la terre vos tombeaux ne remplissaient-
ils point mon cœur! **(13)**

---

1. Diderot parlait déjà, sans l'approuver, de ce goût de la solitude et du cloître
qu'éprouvent les âmes inquiètes : « Il vient un moment où presque toutes les jeunes
filles et les jeunes garçons tombent dans la mélancolie; ils sont tourmentés d'une
inquiétude vague qui se promène sur tout et qui ne trouve rien qui la calme. Ils
cherchent la solitude; ils pleurent; le silence des cloîtres les touche; l'image de la paix
qui semble régner dans les maisons religieuses les séduit. Ils prennent pour la voix
de Dieu ce qui n'est encore à lui les premiers efforts d'un tempérament qui se développe :
et c'est précisément lorsque la nature les sollicite, qu'ils embrassent un genre de
vie contraire au vœu de la nature » (*Jacques le Fataliste*, œuvres complètes de Diderot,
éd. Assézat, tome VI, page 182); 2. *Génie du christianisme*, III, v, 2 : « Les premiers
solitaires, livrés à ce goût délicat et sûr de la religion qui ne trompe jamais lorsqu'on
n'y mêle rien d'étranger, ont choisi dans les diverses parties du monde les sites les
plus frappants pour y fonder leurs monastères. Il n'y a point d'ermite qui ne sai-
sisse aussi bien que Claude le Lorrain ou Le Nôtre le rocher où il doit placer sa
grotte [...]. Tout le monde a vu en Europe de vieilles abbayes cachées dans les bois
où elles ne se décèlent aux voyageurs que par leurs clochers perdus dans la cime des
chênes [...]. Nous avons parlé des couvents européens dans l'histoire de *René* et
retracé quelques-uns de leurs effets au milieu des scènes de la nature. »

--- **QUESTIONS** ---

**12.** Comparez les lignes 12-20 au texte de Diderot cité à la note 1;
dégagez les ressemblances et les différences dans la pensée et dans l'expression. — Le caractère symbolique du décor où se trouvent les monastères : un historien approuverait-il l'explication psychologique et senti-
mentale donnée ici?

**13.** Dégagez dans le tableau de l'abbaye (lignes 24-28) les éléments
romantiques. Quels sont les détails qui font de cette évocation une eau-
forte? — Étudiez la composition de ce poème en prose : le développement de la vision crépusculaire et nocturne jusqu'à l'invocation finale,
l'ampleur et le rythme de la phrase.

## [L'INUTILITÉ DES VOYAGES]

« Soit inconstance naturelle, soit préjugé contre la vie monastique, je changeai mes desseins; je me résolus à voyager. Je
dis adieu à ma sœur; elle me serra dans ses bras avec un
mouvement qui ressemblait à de la joie, comme si elle eût été
5 heureuse de me quitter; je ne pus me défendre d'une réflexion
amère sur l'inconséquence des amitiés humaines. **(14)**

« Cependant, plein d'ardeur, je m'élançai seul sur cet orageux océan du monde, dont je ne connaissais ni les ports, ni
les écueils. Je visitai d'abord les peuples qui ne sont plus;
10 je m'en allai m'asseyant sur les débris de Rome et de la Grèce[1] :
pays de forte et d'ingénieuse mémoire, où les palais sont ensevelis dans la poudre[2], et les mausolées des rois cachés sous
les ronces[3]. Force de la nature, et faiblesse de l'homme : un
brin d'herbe perce souvent le marbre le plus dur de ces tom-
15 beaux, que tous ces morts, si puissants, ne soulèveront jamais!

« Quelquefois une haute colonne se montrait seule debout
dans un désert, comme une grande pensée s'élève, par inter-
valles, dans une âme que le temps et le malheur ont dévastée.

« Je méditai sur ces monuments dans tous les accidents et
20 à toutes les heures de la journée. Tantôt ce même soleil qui
avait vu jeter les fondements de ces cités, se couchait majes-
tueusement, à mes yeux, sur leurs ruines; tantôt la lune se
levant dans un ciel pur, entre deux urnes cinéraires à moitié
brisées, me montrait les pâles tombeaux. Souvent aux rayons

---

1. Chateaubriand ne connaîtra en réalité ces pays qu'en 1803-1806 et les décrira
dans l'*Itinéraire de Paris à Jérusalem* et dans *Voyage en Italie* (voir lettre sur la campagne romaine, écrite à Fontanes en janvier 1804, puis intégrée au *Voyage en Italie*).
Comme le remarque Sainte-Beuve : « René ne fait que tracer ici (et c'est sa gloire
d'avoir été le premier à le concevoir et à le remplir) l'itinéraire poétique que tous les
talents de notre âge suivront; car tous [...] recommenceront le même pèlerinage :
l'Italie, la Grèce, l'Orient »; **2.** *Poudre :* poussière (terme classique du vocabulaire
noble); **3.** Le thème des ruines est assez courant dans la littérature, depuis que Diderot a exalté dans ses *Salons* certains tableaux d'Hubert Robert; le même thème
avait été développé par Volney dans *les Ruines ou Méditation sur les révolutions
des empires* (1791).

---

### QUESTIONS

**14.** René explique-t-il clairement les motifs qui ont modifié ses intentions? Pourquoi n'a-t-il pas une conscience plus nette des raisons qui
l'ont poussé à voyager? — En vous reportant à la troisième et à la quatrième partie de *la Nouvelle Héloïse* (Voyages de Saint-Preux à Paris,
puis autour du monde), montrez comment Chateaubriand reprend, en
le transformant, un thème romanesque hérité de Rousseau. — Le malentendu entre René et Amélie : quelle situation tragique se crée ici?

25 de cet astre qui alimente les rêveries, j'ai cru voir le Génie des
souvenirs, assis tout pensif à mes côtés[1]. **(15)**

« Mais je me lassai de fouiller dans des cercueils, où je ne
remuais trop souvent qu'une poussière criminelle.

« Je voulus voir si les races vivantes m'offriraient plus de
30 vertus, ou moins de malheurs que les races évanouies. Comme
je me promenais un jour dans une grande cité, en passant derrière un palais, dans une cour retirée et déserte, j'aperçus une
statue qui indiquait du doigt un lieu fameux par un sacrifice[2].
Je fus frappé du silence de ces lieux; le vent seul gémissait
35 autour du marbre tragique. Des manœuvres étaient couchés
avec indifférence au pied de la statue, ou taillaient des pierres
en sifflant. Je leur demandai ce que signifiait ce monument :
les uns purent à peine me le dire, les autres ignoraient la
catastrophe qu'il retraçait. Rien ne m'a plus donné la juste
40 mesure des événements de la vie, et du peu que nous sommes.
Que sont devenus ces personnages qui firent tant de bruit?
Le temps a fait un pas, et la face de la terre a été renouvelée[3]. **(16)**

« Je recherchai surtout dans mes voyages les artistes et ces

---

*PHILOSOPHIQUE*

---

**1.** Chateaubriand est ici influencé très certainement par Volney (chap. III, *le Fantôme*) : « [On voit apparaître] dans le mélange du clair-obscur de la lune [...] au travers
des colonnes d'un temple voisin [...] le génie des tombeaux et des ruines »; **2.** A
Londres, derrière Whitehall, la statue de Charles II (note de Chateaubriand). Chateaubriand a recours à ses souvenirs d'Angleterre, où il vécut la plus grande partie
de son émigration. Selon M. Duchemin, il s'agirait plutôt de la statue de Jacques II,
élevée en souvenir du supplice de Charles Ier, à l'endroit où celui-ci a été exécuté;
**3.** Psaumes, CIII, 31 : *Creabuntur et renovabis faciem terrae.*

─────── **QUESTIONS** ───────

**15.** Pourquoi avoir imaginé que la curiosité du voyageur est d'abord
attirée par les ruines de la Grèce et de Rome? Citez d'autres faits et
d'autres ouvrages qui prouvent l'intérêt nouveau porté aux vestiges de
l'Antiquité à partir de la fin du XVIIIe siècle. — Le thème des ruines :
comparez cette page à celle de Diderot, citée dans la Documentation thématique, où celui-ci fait la critique d'un tableau d'Hubert Robert. — La méditation sur la fuite du temps est-elle ici un simple jeu de l'imagination
poétique? Montrez qu'elle se rattache à l'état d'âme de René depuis la
mort de son père : comment l'idée de la mort se confirme-t-elle à chaque
expérience nouvelle de René? — Quelle valeur symbolique prend au
milieu des tombeaux la colonne restée debout (lignes 16-18)?

**16.** Pourquoi le romancier ne cite-t-il pas la ville ni le monument
dont il parle? L'allusion est-elle pourtant transparente? — Comment
Chateaubriand dramatise-t-il l'épisode? La multiplication des contrastes
entre la statue et les hommes qui l'entourent. — La leçon donnée par
les civilisations vivantes est-elle différente de celle qu'avaient donnée les
civilisations mortes? René est-il très loin ici de la leçon chrétienne que
Bossuet tire de la mort d'Henriette d'Angleterre dans son oraison funèbre?

hommes divins qui chantent les Dieux sur la lyre[1], et la féli-
45 cité des peuples qui honorent les lois, la religion et les tombeaux.

« Ces chantres sont de race divine, ils possèdent le seul talent
incontestable dont le ciel ait fait présent à la terre. Leur vie
est à la fois naïve et sublime; ils célèbrent les Dieux avec une
bouche d'or, et sont les plus simples des hommes; ils causent
50 comme des immortels ou comme de petits enfants; ils expliquent
les lois de l'univers, et ne peuvent comprendre les affaires les
plus innocentes de la vie; ils ont des idées merveilleuses de
la mort, et meurent, sans s'en apercevoir, comme des nou-
veau-nés.

55 « Sur les monts de la Calédonie[2], le dernier Barde qu'on
ait ouï dans ces déserts me chanta les poèmes dont un héros
consolait jadis sa vieillesse[3]. Nous étions assis sur quatre
pierres rongées de mousse[4]; un torrent coulait à nos pieds;
le chevreuil paissait à quelque distance parmi les débris d'une
60 tour, et le vent des mers sifflait sur la bruyère de Cona. Maintenant la religion chrétienne, fille aussi des hautes montagnes,
a placé des croix sur les monuments des héros de Morven[5],
et touché la harpe de David, au bord du même torrent où
Ossian fit gémir la sienne. Aussi pacifique que les divinités de
65 Selma[6] étaient guerrières, elle garde des troupeaux où Fingal[7]
livrait des combats, et elle a répandu des anges de paix dans
les nuages qu'habitaient des fantômes homicides[8]. (17)

1. Chateaubriand recherche les traces de tous les anciens poètes qu'il admire :
Virgile, Homère, etc. Lui-même fut très influencé par ces poètes : le début des *Natchez*
en particulier est un véritable festival de tableaux épiques à la manière d'Homère;
*les Martyrs* témoigneront avec plus d'éclat encore de cette admiration; 2. *Calédo-*
*nie :* nom ancien de l'Écosse; 3. Ce *héros* est le barde gaélique Ossian, devenu aveugle
et pleurant la mort de son fils Oscar (IIIe siècle de notre ère). En réalité, les poèmes
attribués à Ossian ont été écrits par Macpherson et publiés en 1760-1773. Mais l'au-
thenticité des poèmes d'Ossian, qui préparèrent la voie au romantisme, n'est pas alors
vraiment contestée; 4. Les éléments ossianiques sont très nombreux dans ce paragraphe : les *quatre pierres rongées de mousse,* le *torrent,* le *chevreuil,* le *vent sur la*
*bruyère,* ainsi que les noms de *Cona, Morven, Selma, Fingal,* et *les fantômes homicides.*
5. *Morven :* montagne célèbre par les exploits de Fingal; 6. Le poème de *Selma* est
l'un des plus célèbres des vingt-deux poèmes d'Ossian (Macpherson). Selma est
la résidence de Fingal, où, groupés autour de leur chef, les bardes disputent le prix
du chant. Il n'y a pas de *divinités de Selma* (expression amenée par l'antithèse); 7. *Fin-*
*gal :* roi de Morven, père d'Ossian; 8. Les guerriers morts au combat et honorés
par les dieux (détail de couleur scandinave plus que gaélique). Cette opposition du
paganisme et du christianisme se rattache à l'idée maîtresse du *Génie du christianisme.*

──────── QUESTIONS ────────

17. En quoi peut-on, une fois de plus, identifier Chateaubriand à René
au milieu de ces souvenirs ossianiques? Voit-on pourquoi ces souvenirs
succèdent à ceux de l'épisode précédent? — Le poète selon l'idéal ossianique : montrez qu'il est à l'opposé du poète mondain du XVIIIe siècle.

« Sur les monts de la Calédonie, le dernier barde... » (Page 40.)

Illustration de Coppin. Édition de 1851.

Phot. Boudot-Lamotte.

« Un jour, j'étais monté au sommet de l'Etna,
volcan qui brûle au milieu d'une île. » (Page 43.)

L'Etna vu de Taormina.

« L'ancienne et riante Italie m'offrit la foule de ses chefs-
d'œuvre. Avec quelle sainte et poétique horreur j'errais dans
70 ces vastes édifices consacrés par les arts à la religion! Quel
labyrinthe de colonnes! Quelle succession d'arches et de voûtes!
Qu'ils sont beaux ces bruits qu'on entend autour des dômes[1],
semblables aux rumeurs des flots dans l'Océan, aux murmures
des vents dans les forêts, ou à la voix de Dieu dans son temple!
75 L'architecte bâtit, pour ainsi dire, les idées du poète et les fait
toucher aux sens. **(18)**

« Cependant qu'avais-je appris jusqu'alors avec tant de
fatigue? Rien de certain parmi les anciens, rien de beau parmi
les modernes. Le passé et le présent sont deux statues incom-
80 plètes : l'une a été retirée toute mutilée du débris des âges;
l'autre n'a pas encore reçu sa perfection de l'avenir. **(19)**

« Mais peut-être, mes vieux amis, vous surtout, habitants
du désert[2], êtes-vous étonnés que dans ce récit de mes voyages,
je ne vous aie pas une seule fois entretenus des monuments
85 de la nature?

« Un jour, j'étais monté au sommet de l'Etna[3], volcan qui
brûle au milieu d'une île. Je vis le soleil se lever dans l'immensité de l'horizon au-dessous de moi, la Sicile resserrée comme
un point à mes pieds, et la mer déroulée au loin dans les espaces.

---

**1.** Chateaubriand évoque maintenant, d'une manière assez imprécise d'ailleurs,
les cathédrales de l'Italie chrétienne, appelées souvent *dômes* (dôme de Milan, de
Florence, etc.); **2.** Les Natchez, à qui René raconte sa vie; **3.** Il semble que, dans la
description qui suit, Chateaubriand se soit inspiré de la relation de voyage de l'Anglais Brydone, qui avait visité la Sicile en 1770. R. Lebègue, qui fait ce rapproche-
ment, relève en particulier ce passage de Brydone : « Nous contemplons toute la
Sicile comme sur une carte [...] en jetant les yeux un peu plus avant, vous embrassez
l'île entière, et vous voyez toutes ses villes, rivières et montagnes tracées sur la grande
carte de la nature. »

---

### ——— QUESTIONS ———

**18.** Pourquoi ce retour à l'Italie déjà évoquée plus haut avec les ruines
de Rome (page 38, lignes 9-26)? Quel enchaînement lie les curiosités du
héros? — Le thème des cathédrales : comparez les lignes 68-74 au chapitre VIII de la troisième partie du *Génie du christianisme* (« les Églises
gothiques »). — Expliquez l'expression *sainte et poétique horreur* (ligne 69).
— Comment expliquez-vous la phrase *L'architecte bâtit, pour ainsi dire,
les idées du poète et les fait toucher aux sens?* Rapprochez-la des paroles
de Valéry : « N'as-tu pas observé que dans une ville entre les édifices
dont elle est peuplée, les uns sont muets, les autres parlent, et d'autres
enfin, qui sont plus rares, chantent. »

**19.** Le double idéal de René (lignes 79-81) est-il réalisable? Le motif
de ses déceptions n'est-il pas en lui-même plutôt que dans les choses?
— D'après la dernière phrase, voit-on la différence entre la mélancolie
de René et le scepticisme philosophique?

90 Dans cette vue perpendiculaire du tableau, les fleuves ne me
semblaient plus que des lignes géographiques tracées sur une
carte; mais, tandis que d'un côté mon œil apercevait ces objets,
de l'autre il plongeait dans le cratère de l'Etna, dont je décou-
vrais les entrailles brûlantes, entre les bouffées d'une noire
95 vapeur.

« Un jeune homme plein de passions, assis sur la bouche
d'un volcan, et pleurant sur les mortels dont à peine il voyait
à ses pieds les demeures, n'est sans doute, ô vieillards, qu'un
objet digne de votre pitié; mais, quoi que vous puissiez penser
100 de René, ce tableau vous offre l'image de son caractère et de
son existence : c'est ainsi que toute ma vie j'ai eu devant les
yeux une création à la fois immense et imperceptible[1], et un
abîme ouvert à mes côtés. » **(20)**

## [L'IDÉAL D'UNE VIE SIMPLE]

En prononçant ces derniers mots, René se tut, et tomba
subitement dans la rêverie. Le P. Souël le regardait avec étonnement, et le vieux Sachem aveugle qui n'entendait plus parler
le jeune homme, ne savait que penser de ce silence. **(21)**
5 René avait les yeux attachés sur un groupe d'Indiens qui
passaient gaiement dans la plaine. Tout à coup sa physionomie
s'attendrit, des larmes coulent de ses yeux, il s'écrie :
« Heureux Sauvages! Oh! que ne puis-je jouir de la paix

---

1. Il y a peut-être ici une réminiscence des deux infinis de Pascal. Le nom de Pascal
ne peut manquer d'être associé aussi à la phrase suivante; cet *abîme ouvert à mes
côtés* rappelle étrangement l'hallucination à laquelle Pascal était sujet.

──────── **QUESTIONS** ────────

**20.** Le lever du soleil (lignes 87-95) : analysez la composition de ce
tableau. Chateaubriand n'a-t-il pas, dans une certaine mesure, drama-
tisé les éléments de son tableau en fonction de l'état d'esprit de René?
Quel effet naît de l'opposition entre les lignes des fleuves et le gouffre
du volcan? La valeur symbolique de ce contraste. — Que pensez-vous
de l'attitude de René en haut du volcan? Quel trait de caractère du héros
illustre-t-elle? Rapprochez ce paragraphe de celui où Chateaubriand se
peint « au haut du Vésuve, écrivant assis à la bouche du volcan » *(Voyage
en Italie)*. Le souvenir pascalien (lignes 101-103) : par quelles images
est suggérée l'idée de « misère et grandeur » de l'homme?

**21.** Quelles sont, d'après vous, les causes de l'étonnement du P. Souël?
En quoi le Sachem reste-t-il lui aussi étranger à l'émotion de René?

qui vous accompagne toujours! Tandis qu'avec si peu de fruit
10 je parcourais tant de contrées, vous, assis tranquillement sous
vos chênes, vous laissiez couler les jours sans les compter.
Votre raison n'était que vos besoins, et vous arriviez, mieux
que moi, au résultat de la sagesse, comme l'enfant, entre les
jeux et le sommeil. Si cette mélancolie qui s'engendre de l'excès
15 du bonheur atteignait quelquefois votre âme, bientôt vous
sortiez de cette tristesse passagère, et votre regard levé vers
le Ciel, cherchait avec attendrissement ce je ne sais quoi inconnu
qui prend pitié du pauvre Sauvage. » **(22)**

Ici la voix de René expira de nouveau, et le jeune homme
20 pencha la tête sur sa poitrine. Chactas, étendant le bras dans
l'ombre, et prenant le bras de son fils, lui cria d'un ton ému :
« Mon fils! mon cher fils! » A ces accents, le frère d'Amélie
revenant à lui, et rougissant de son trouble, pria son père de
lui pardonner.

25 Alors le vieux Sauvage : « Mon jeune ami, les mouvements
d'un cœur comme le tien ne sauraient être égaux; modère
seulement ce caractère qui t'a déjà fait tant de mal. Si tu
souffres plus qu'un autre des choses de la vie, il ne faut pas
t'en étonner; une grande âme doit contenir plus de douleur
30 qu'une petite. Continue ton récit. Tu nous as fait parcourir
une partie de l'Europe, fais-nous connaître ta patrie. Tu sais
que j'ai vu la France, et quels liens m'y ont attaché[1]; j'aimerai
à entendre parler de ce grand Chef[2], qui n'est plus, et dont j'ai
visité la superbe cabane[3]. Mon enfant, je ne vis plus que par
35 la mémoire. Un vieillard avec ses souvenirs ressemble au chêne
décrépit de nos bois[4] : ce chêne ne se décore plus de son propre

---

1. Le séjour de Chactas en France, où il a été emmené en captivité, est raconté
dans *les Natchez*; 2. Louis XIV (note de Chateaubriand). Il ne faut pas oublier que
dans *les Natchez*, c'est en 1725 que René vient se réfugier en Amérique. Seules,
les dernières lignes de *René* (p. 79) font état des synchronismes historiques; 3. Il s'agit
du château de Versailles, dont la visite est racontée par Chactas au livre II des
*Natchez*; 4. Cette comparaison d'un vieillard à un chêne décrépit est un souvenir
d'Ossian : « Fingal ne tombera pas comme un chêne décrépit au bord d'un fleuve
ignoré. »

---

### QUESTIONS

22. Quel semble être maintenant l'idéal de vie de René? Énumérez tous
les motifs qui donnent aux sauvages un bonheur que René n'a pas connu
lui-même : dans quelle mesure les imagine-t-il par contraste avec lui-
même? — L'influence de Rousseau dans cette image de la vie primitive.
— Le rythme des phrases et le style de cette invocation aux *heureux
Sauvages*.

feuillage, mais il couvre quelquefois sa nudité des plantes étrangères qui ont végété sur ses antiques rameaux. » **(23) (24)**

## [VIE SOLITAIRE À PARIS]

Le frère d'Amélie, calmé par ces paroles, reprit ainsi l'histoire de son cœur :

« Hélas! mon père, je ne pourrai t'entretenir de ce grand siècle dont je n'ai vu que la fin dans mon enfance, et qui n'était
5 plus lorsque je rentrai dans ma patrie. Jamais un changement plus étonnant et plus soudain ne s'est opéré chez un peuple. De la hauteur du génie, du respect pour la religion, de la gravité des mœurs, tout était subitement descendu à la souplesse de l'esprit, à l'impiété, à la corruption. **(25)**
10 « C'était donc bien vainement que j'avais espéré retrouver dans mon pays de quoi calmer cette inquiétude, cette ardeur de désir qui me suit partout. L'étude du monde ne m'avait rien appris, et pourtant je n'avais plus la douceur de l'ignorance.

« Ma sœur, par une conduite inexplicable, semblait se plaire
15 à augmenter mon ennui; elle avait quitté Paris quelques jours avant mon arrivée. Je lui écrivis que je comptais l'aller rejoindre; elle se hâta de me répondre pour me détourner de ce projet, sous prétexte qu'elle était incertaine du lieu où l'appelleraient ses affaires. Quelles tristes réflexions ne fis-je point alors sur
20 l'amitié, que la présence attiédit, que l'absence efface, qui ne

─────── **QUESTIONS** ───────

**23.** L'intervention du vieux Sachem : sa valeur dramatique pour ramener René à ses confidences; quels sont les arguments qui peuvent toucher René en ce moment d'abattement? — Vieillesse et souvenir : l'idée développée par Chactas constitue-t-elle une digression à ce moment du roman? — *Je ne vis plus que par la mémoire!* (lignes 34-35) : cette phrase ne préfigure-t-elle pas déjà une des attitudes d'où naîtra la plus prestigieuse des œuvres de Chateaubriand?

**24.** En examinant l'ensemble du passage qu'on a intitulé *L'idéal d'une vie simple*, montrez comment est composée cette pause dans la confession de René. Justifiez son utilité dans la structure de l'ensemble du roman.

**25.** Quelle période René appelle-t-il *grand siècle* (ligne 3)? — Contre qui Chateaubriand porte-t-il ce jugement sévère de *souplesse de l'esprit*, d'*impiété*, de *corruption*? En vous reportant à la vie de Chateaubriand, appréciez l'évolution philosophique et politique que ce jugement laisse deviner chez l'auteur. — En quoi le roman de *René* se rattache-t-il ici au dessein général du *Génie du christianisme*?

« J'aimerai à entendre parler de ce grand chef...
dont j'ai visité la superbe cabane. »  (Page 45.)

Château de Versailles.

« L'heure venait frapper à coups mesurés dans
la tour de la cathédrale gothique. » (Page 50.)

L'abside de Notre-Dame de Paris.

résiste point au malheur, et encore moins à la prospérité[1]! (26)

« Je me trouvai bientôt plus isolé dans ma patrie, que je ne l'avais été sur une terre étrangère[2]. Je voulus me jeter pendant quelque temps dans un monde qui ne me disait rien et
25 qui ne m'entendait pas. Mon âme, qu'aucune passion n'avait encore usée, cherchait un objet qui pût l'attacher; mais je m'aperçus que je donnais plus que je ne recevais. Ce n'était ni un langage élevé, ni un sentiment profond qu'on demandait de moi. Je n'étais occupé qu'à rapetisser ma vie, pour la mettre
30 au niveau de la société. Traité partout d'esprit romanesque, honteux du rôle que je jouais, dégoûté de plus en plus des choses et des hommes, je pris le parti de me retirer dans un faubourg pour y vivre totalement ignoré. (27)

« Je trouvai d'abord assez de plaisir dans cette vie obscure
35 et indépendante. Inconnu, je me mêlais à la foule : vaste désert d'hommes! (28)

« Souvent assis dans une église peu fréquentée, je passais des heures entières en méditation. Je voyais de pauvres femmes venir se prosterner devant le Très-Haut, ou des pécheurs
40 s'agenouiller au tribunal de la pénitence. Nul ne sortait de ces lieux sans un visage plus serein, et les sourdes clameurs qu'on

---

1. Chateaubriand exprime souvent son peu de croyance en une amitié fidèle; bien plus tard, il dira : « L'amitié? elle disparaît quand celui qui est aimé tombe dans le malheur, ou quand celui qui aime devient puissant » (*Vie de Rancé*). Cependant, il connut lui-même de bonnes et durables amitiés, comme celle de Fontanes, qui résistèrent à toutes les vicissitudes de son existence; 2. Lors de ses séjours à Paris (1787 et années suivantes), puis à son retour d'émigration, Chateaubriand s'adapta d'abord assez difficilement à la vie parisienne.

<hr>

**QUESTIONS**

**26.** Quelles circonstances, d'après les deux derniers paragraphes, contribuent non seulement à maintenir, mais encore à aggraver la mélancolie de René?

**27.** Montrez que l'image de la société qui est donnée ici correspond aussi bien à la société parisienne, telle que Chateaubriand l'a entrevue à la fin de l'Ancien Régime (lors de ses premiers séjours à Paris de 1787 à 1791), qu'à la société transformée par la Révolution, telle qu'il la retrouva à son retour d'émigration. Pourquoi René ne peut-il pas s'adapter davantage à l'une qu'à l'autre? Comment l'existence de Chateaubriand est-elle transposée ici? — L'influence de Rousseau dans ce passage : commentez notamment à ce sujet la dernière phrase (lignes 30-33).

**28.** Expliquez l'expression *vaste désert d'hommes*, qu'on retrouvera dans les *Mémoires* (I, IV, 9) : « Le désert de la foule me plaisait. » Cherchez dans les œuvres poétiques et théâtrales de Hugo, de Musset, de Vigny d'autres formes d'expression de cette solitude morale qui deviendra un des plus riches thèmes romantiques. Comment évolue ce thème chez Baudelaire (voir, dans les *Petits Poèmes en prose*, la pièce XII : « les Foules »)?

entendait au dehors semblaient être les flots des passions et
les orages du monde qui venaient expirer au pied du temple
du Seigneur. Grand Dieu, qui vis en secret couler mes larmes
45 dans ces retraites sacrées, tu sais combien de fois je me jetai
à tes pieds, pour te supplier de me décharger du poids de
l'existence, ou de changer en moi le vieil homme[1]! Ah! qui
n'a senti quelquefois le besoin de se régénérer, de se rajeunir
aux eaux du torrent, de retremper son âme à la fontaine de
50 vie[2]? Qui ne se trouve quelquefois accablé du fardeau de sa
propre corruption[3], et incapable de rien faire de grand, de
noble, de juste? **(29)**

« Quand le soir était venu, reprenant le chemin de ma
retraite, je m'arrêtais sur les ponts, pour voir se coucher le
55 soleil. L'astre, enflammant les vapeurs de la cité, semblait
osciller lentement dans un fluide d'or, comme le pendule de
l'horloge des siècles. Je me retirais ensuite avec la nuit, à travers un labyrinthe de rues solitaires. En regardant les lumières
qui brillaient dans les demeures des hommes, je me transpor-
60 tais par la pensée au milieu des scènes de douleur et de joie
qu'elles éclairaient; et je songeais que sous tant de toits habi-
tés, je n'avais pas un ami. Au milieu de mes réflexions, l'heure
venait frapper à coups mesurés dans la tour de la cathédrale
gothique; elle allait se répétant sur tous les tons et à toutes les
65 distances d'église en église[4]. Hélas! chaque heure dans la société
ouvre un tombeau, et fait couler des larmes. **(30)**

---

1. Réminiscence des Écritures : *Deponere vos veterem hominem.* (« Dépouillez
le vieil homme ») [saint Paul, Épître aux Éphésiens, III, 22]; 2. Réminiscence biblique :
*Et torrente voluptatis tuae potabis eos, quoniam apud te est fons vitae.* (« Tu les abreu-
veras du torrent de ta volupté, puisqu'en toi est la source de vie. ») [Psaumes, XXXV,
9-10]; 3. Expressions courantes dans l'Ancien et le Nouveau Testament; 4. Aux
images de la vie parisienne se mêlent les réminiscences d'Angleterre, souvenirs de
ses nuits d'émigré, au cours desquelles il entendait sonner la cloche de Westminster.

---

**━━ QUESTIONS ━━**

**29.** René face à Dieu : est-il incapable d'émotion religieuse? Sa prière
à Dieu prouve-t-elle néanmoins qu'il a la foi? Quel obstacle l'empêche
d'avoir la sérénité de la croyance qu'il voit chez les humbles? — N'y
a-t-il pas un accent janséniste dans certaines phrases? Lesquelles? —
Quels sont les reproches que René s'adresse à lui-même? L'incapacité
d'agir ne se retrouvera-t-elle pas chez d'autres héros romantiques?

**30.** La poésie du crépuscule et de la nuit : à quel autre moment du
récit René a-t-il déjà goûté la beauté privilégiée de cet instant? — La
composition de ce poème en prose : quels sont les deux thèmes qui s'entre-
lacent? Quel état d'âme transparaît à travers les sensations et les images
choisies par l'écrivain? — La poésie de la ville : Chateaubriand n'annonce-
t-il pas ici Baudelaire plus encore que les romantiques proprement dits?

## [L'EXALTATION DANS LA NATURE]

« Cette vie, qui m'avait d'abord enchanté, ne tarda pas à me devenir insupportable. Je me fatiguai de la répétition des mêmes scènes et des mêmes idées. Je me mis à sonder mon cœur, à me demander ce que je désirais. Je ne le savais pas;
5 mais je crus tout à coup que les bois me seraient délicieux. Me voilà soudain résolu d'achever, dans un exil champêtre, une carrière à peine commencée, et dans laquelle j'avais déjà dévoré des siècles.[1]

« J'embrassai ce projet avec l'ardeur que je mets à tous mes
10 desseins; je partis précipitamment pour m'ensevelir dans une chaumière, comme j'étais parti autrefois pour faire le tour du monde. (31)

« On m'accuse d'avoir des goûts inconstants, de ne pouvoir jouir longtemps de la même chimère[2], d'être la proie d'une
15 imagination qui se hâte d'arriver au fond de mes plaisirs, comme si elle était accablée de leur durée[3]; on m'accuse de passer toujours le but que je puis atteindre : hélas! je cherche seulement un bien inconnu, dont l'instinct me poursuit[4]. Est-ce ma faute, si je trouve partout des bornes, si ce qui est
20 fini n'a pour moi aucune valeur? Cependant je sens que j'aime la monotonie des sentiments de la vie, et si j'avais encore la

---

**1.** *Mémoires*, Iʳᵉ partie, livre III, chap. 17 : « Je touchais presque à mon berceau et déjà tout un monde s'était écroulé »; **2.** Cette inconstance est, selon Chateaubriand, au fond de la nature humaine (*Mémoires*, Iʳᵉ partie, livre III, chap. 17) : « Combien rapidement et que de fois nous changeons d'existence et de chimère »); **3.** Chateaubriand était doué d'un grand pouvoir d'imagination, une imagination qui « allumée, se propageant sur tous les objets, ne trouvait nulle part assez de nourriture et aurait dévoré la terre et le ciel » (*Mémoires*, Iʳᵉ partie, livre III, chap. 5). Peut-être tient-il cette faculté de sa mère, qui était « douée de beaucoup d'esprit et d'une imagination prodigieuse » (*Mémoires*, Iʳᵉ partie, livre premier, chap. 2); **4.** *Essai sur les révolutions* : « Est-ce un instinct indéterminé, un vide intérieur que nous ne saurions remplir, qui nous tourmente? Je l'ai aussi sentie, cette soif vague de quelque chose [...]. Homme, [est-ce] ta destinée de porter partout un cœur miné d'un désir inconnu? » Un sentiment analogue est exprimé par Senancour : « Mais il y a dans moi une inquiétude qui ne me quittera pas, qui me commande, qui m'absorbe, qui m'emporte au-delà des êtres périssables. [...] Il me faut des illusions sans bornes qui s'éloignent pour me tromper toujours » (*Obermann*, lettre XVIII). Rousseau déjà, dans la lettre à M. de Malesherbes, exprimait un sentiment voisin : « Je trouvais en moi un vide inexplicable que rien n'aurait pu remplir, un certain élancement du cœur vers une autre source de jouissance dont je n'avais pas idée. »

---

**━━━ QUESTIONS ━━━━━━━━━━━━━━━━━━━━━**

**31.** Comparez cette nouvelle transformation de René à ce moment où il s'était brusquement décidé à voyager (page 38). — René est-il plus conscient que la première fois des motifs qui le poussent au changement?

folie de croire au bonheur, je le chercherais dans l'habitude. (32)

« La solitude absolue, le spectacle de la nature, me plon-
gèrent bientôt dans un état presque impossible à décrire. Sans
25 parents, sans amis, pour ainsi dire seul sur la terre[1], n'ayant
point encore aimé, j'étais accablé d'une surabondance de vie.
Quelquefois je rougissais subitement, et je sentais couler dans
mon cœur, comme des ruisseaux d'une lave ardente; quelquefois je poussais des cris involontaires, et la nuit était également
30 troublée de mes songes et de mes veilles[2]. Il me manquait
quelque chose pour remplir l'abîme de mon existence : je
descendais dans la vallée, je m'élevais sur la montagne, appe-
lant de toute la force de mes désirs l'idéal objet d'une flamme
future; je l'embrassais dans les vents[3]; je croyais l'entendre
35 dans les gémissements du fleuve; tout était ce fantôme imaginaire, et les astres dans les cieux, et le principe même de vie
dans l'univers[4].

« Toutefois cet état de calme et de trouble, d'indigence et
de richesse, n'était pas sans quelques charmes. Un jour je
40 m'étais amusé à effeuiller une branche de saule sur un ruisseau,
et à attacher une idée à chaque feuille que le courant entraînait.
Un roi qui craint de perdre sa couronne par une révolution
subite, ne ressent pas des angoisses plus vives que les miennes,
à chaque accident qui menaçait les débris de mon rameau.
45 O faiblesse des mortels! O enfance du cœur humain qui ne
vieillit jamais! Voilà donc à quel degré de puérilité notre superbe[5]

---

1. J.-J. Rousseau, *Rêveries du promeneur solitaire*, première promenade : « Me
voici donc seul sur la terre, n'ayant plus de frère, de prochain, d'ami, de société
que moi-même »; 2. *Mémoires* (Iʳᵉ partie, livre III, chap. 14) : « Tout à coup, je
me précipitais sur ma couche; je me roulais dans ma douleur; j'arrosais mon lit de
larmes cuisantes que personne ne voyait et qui coulaient misérables, pour un néant »
3. Nous retrouvons ici le « fantôme d'amour », la « Sylphide », évoquée par Chateaubriand dans les *Mémoires* (Iʳᵉ partie, livre III, chap. 11) : « Cette charmeresse me suivait partout invisible; je m'entretenais avec elle comme un être réel; elle variait au
gré de ma folie. » Et plus loin : (Iʳᵉ partie, livre III, chap. 14) : « Je montais avec ma
magicienne : roulé dans ses cheveux et dans ses voiles, j'allais, au gré des tempêtes... »;
4. Passage paru dans la première édition du *Génie du christianisme* (1802) sous le
titre de *Didon* (une analyse de l'amour passionné opposé à la religion du mariage) ;
5. *Superbe* : orgueilleuse.

---

### QUESTIONS

32. La lucidité de René : a-t-il une notion claire de ce qu'il est?
Comprend-il parfaitement la critique que lui adresse le commun des
mortels? — René et la responsabilité morale : commentez à ce sujet
la phrase *Est-ce ma faute, si...* (lignes 19-20) — Expliquez la dernière
phrase (lignes 20-23) : René n'a-t-il pas quelque chose de commun avec
les autres hommes?

raison peut descendre ! Et encore est-il vrai que bien des hommes
attachent leur destinée à des choses d'aussi peu de valeur que
mes feuilles de saule[1]. **(33)**

50 « Mais comment exprimer cette foule de sensations fugi-
tives, que j'éprouvais dans mes promenades ? Les sons que
rendent les passions dans le vide d'un cœur solitaire, ressemblent
au murmure que les vents et les eaux font entendre dans le
silence d'un désert : on en jouit, mais on ne peut les peindre. **(34)**

55 « L'automne me surprit au milieu de ces incertitudes :
j'entrai avec ravissement dans les mois des tempêtes[2]. Tantôt
j'aurais voulu être un de ces guerriers errant au milieu des
vents, des nuages et des fantômes[3]; tantôt j'enviais jusqu'au
sort du pâtre que je voyais réchauffer ses mains à l'humble
60 feu de broussailles qu'il avait allumé au coin d'un bois. J'écoutais ses chants mélancoliques, qui me rappelaient que dans
tout pays, le chant naturel de l'homme est triste, lors même
qu'il exprime le bonheur. Notre cœur est un instrument incomplet, une lyre où il manque des cordes, et où nous sommes
65 forcés de rendre les accents de la joie sur le ton consacré aux
soupirs[4]. **(35)**

---

1. De même Werther cueille des fleurs, en fait un bouquet, et les jette dans la
rivière, où il les regarde s'enfoncer peu à peu; 2. L'automne est longuement évoqué
dans les *Mémoires* (Iʳᵉ partie, livre III, chap. 13); 3. Autre souvenir d'Ossian (voir
page 40, note 8); 4. Cette comparaison a été critiquée par Ginguené dans la *Décade
philosophique* (1802). On trouve pourtant une image analogue dans Pascal : « On
croit toucher les orgues ordinaires en touchant l'homme. Ce sont des orgues, à la
vérité, mais bizarres, changeantes, variables. » Lamartine écrit dans la Préface des
*Méditations* : « J'ai donné à ce qu'on nommait la Muse, au lieu d'une lyre à sept
cordes de convention, les fibres mêmes du cœur de l'homme, touchées et émues par les
innombrables frissons de l'âme et de la nature. »

---

**QUESTIONS**

**33.** Analysez les deux aspects de l'imagination de René : la fureur de
l'adolescence (lignes 24-36) et la naïveté de l'enfance (lignes 39-47).
Étudiez le style (vocabulaire et rythme de la phrase) de ces deux passages et
montrez-en les oppositions. — La vérité de cette description psychologique : les imaginations de René ne se retrouvent-elles pas, à un degré
moindre, en tout être humain ?

**34.** Quelle explication René donne-t-il à l'impossibilité où il se trouve
d'analyser ses états d'âme ? — Les poètes et les moralistes classiques
pensaient-ils que certains sentiments étaient inexprimables ? Pourquoi le
domaine de l' « indicible » est-il lié à l'esprit romantique ?

**35.** À quel autre moment du récit le thème de l'automne a-t-il déjà fait
son apparition ? — Pourquoi l'imagination de René crée-t-elle des
visions aussi précises alors que tout son être est rempli d'incertitudes ?
— *Le chant naturel de l'homme est triste* (ligne 62) : commentez cette
phrase et l'explication que Chateaubriand en donne; quel aspect du
romantisme se trouve en germe dans cette phrase ?

« Le jour je m'égarais sur de grandes bruyères[1] terminées par des forêts. Qu'il fallait peu de chose à ma rêverie : une feuille séchée que le vent chassait devant moi, une cabane
70 dont la fumée s'élevait dans la cime dépouillée des arbres, la mousse qui tremblait au souffle du nord sur le tronc d'un chêne, une roche écartée, un étang désert où le jonc flétri murmurait ! Le clocher du hameau, s'élevant au loin dans la vallée, a souvent attiré mes regards ; souvent j'ai suivi des
75 yeux les oiseaux de passage qui volaient au-dessus de ma tête. Je me figurais les bords ignorés, les climats lointains où ils se rendent ; j'aurais voulu être sur leurs ailes. Un secret instinct me tourmentait ; je sentais que je n'étais moi-même qu'un voyageur ; mais une voix du ciel semblait me dire : « Homme,
80 « la saison de ta migration n'est pas encore venue ; attends « que le vent de la mort se lève, alors tu déploieras ton vol « vers ces régions inconnues que ton cœur demande. »

« Levez-vous vite, orages désirés[2], qui devez emporter René dans les espaces d'une autre vie ! Ainsi disant, je marchais à
85 grands pas, le visage enflammé, le vent sifflant dans ma chevelure[3], ne sentant ni pluie ni frimas, enchanté, tourmenté, et comme possédé par le démon de mon cœur.

« La nuit, lorsque l'aquilon[4] ébranlait ma chaumière[5], que les pluies tombaient en torrent sur mon toit, qu'à travers ma
90 fenêtre je voyais la lune sillonner les nuages amoncelés, comme un pâle vaisseau qui laboure les vagues, il me semblait que la vie redoublait au fond de mon cœur, que j'aurais eu la puissance de créer des mondes. Ah ! si j'avais pu faire partager à une autre les transports que j'éprouvais ! O Dieu ! si tu m'avais
95 donné une femme selon mes désirs ; si, comme à notre premier père, tu m'eusses amené par la main une Ève tirée de moi-même... Beauté céleste, je me serais prosterné devant toi ;

---

1. À la fois décor ossianique et paysage de Bretagne ; 2. Ossian : « Levez-vous, ô vents orageux d'Érin ; mugissez, ouragans des bruyères ; puissé-je mourir au milieu de la tempête, enlevé dans un nuage par les fantômes irrités des morts ! [...] Levez-vous, vents d'automne, soufflez sur la noire bruyère ! » ; 3. Ossian : « Les vents de la nuit sifflent dans ta chevelure » ; « O vents qui soulevez ma noire chevelure, je ne mêlerai pas longtemps mes soupirs à vos sifflements. » Werther, lui aussi, se livre tout entier à la tempête : « Que j'aurais brisé de bon cœur cette misérable enveloppe pour voler, libre d'entraves, avec les ouragans, déchirer les nues avec la tempête, et rouler parmi les flots mugissants » ; 4. *Aquilon* : vent du nord ; mais en poésie classique, c'est le terme traditionnel du vocabulaire noble pour désigner tout vent de tempête, violent et froid ; 5. Souvenir de Combourg (*Mémoires*, I<sup>re</sup> partie, livre III, chap. 5 : « Quelquefois, le vent semblait courir à pas légers ; quelquefois, il laissait échapper des plaintes ; tout à coup, ma porte était ébranlée avec violence, les souterrains poussaient des mugissements, puis ces bruits expiraient pour recommencer encore»).

puis, te prenant dans mes bras, j'aurais prié l'Éternel de te donner le reste de ma vie[1]. **(36)**

## [LA TENTATION DU SUICIDE]

« Hélas! j'étais seul, seul sur la terre! Une langueur secrète s'emparait de mon corps. Ce dégoût de la vie que j'avais ressenti dès mon enfance, revenait avec une force nouvelle. Bientôt mon cœur ne fournit plus d'aliment à ma pensée, et je ne
5 m'apercevais de mon existence que par un profond sentiment d'ennui.

« Je luttai quelque temps contre mon mal, mais avec indifférence et sans avoir la ferme résolution de le vaincre. Enfin, ne pouvant trouver de remède à cette étrange blessure de mon

---

1. Nous retrouvons ici les traces de la Sylphide évoquée dans plusieurs passages des *Mémoires* (I^re partie, livre III, chap. 11-14), souvenir peut-être des « êtres selon son cœur » que se créait Rousseau, écrivant *la Nouvelle Héloïse*.

───── **QUESTIONS** ─────

**36.** Le développement du thème de l'automne : étudiez la composition de ses deux mouvements (lignes 67-87 : *le jour...;* lignes 88-99 : *la nuit*); montrez-en la symétrie. — Par quelles étapes passe la rêverie de René pour en arriver à l'exaltation finale? Sur quel désir viennent se rejoindre les images créées par les rêveries du jour et de la nuit? — Les éléments descriptifs : autour de quel motif central sont-ils ordonnés? Comment se trouvent rassemblées ici toutes les images et les sensations qui ont la prédilection de René? — Les composantes du paysage : comment le décor réel qu'a connu Chateaubriand dans son enfance s'enrichit-il d'éléments « romantiques » et se transforme-t-il? — D'après la comparaison avec les *Mémoires d'outre-tombe* (I, III, 12-14), quelle part de lui-même Chateaubriand a-t-il mise dans son héros? Peut-on en revanche deviner en quoi le personnage de René a peut-être influé sur les souvenirs de Chateaubriand? — Les deux aspects de la rêverie chez René : comment les impressions vagues et indicibles se mêlent-elles aux visions chimériques, mais précises?
— Le style : montrez en quoi cette page est un véritable poème lyrique grâce à l'emploi : *a)* des sons, qui donnent de la musicalité à la phrase et qui suggèrent déjà, dans une certaine mesure, les paysages évoqués et l'état d'âme de René; *b)* du rythme et de la structure des phrases, qui soulignent les variations de la rêverie et de l'exaltation de René; *c)* du vocabulaire (relevez les comparaisons, les termes recherchés et ceux dont le sens entoure la phrase d'un halo poétique).

10 cœur, qui n'était nulle part et qui était partout, je résolus de
quitter la vie[1].

« Prêtre du Très-Haut, qui m'entendez, pardonnez à un
malheureux que le ciel avait presque privé de la raison[2]. J'étais
plein de religion, et je raisonnais en impie; mon cœur aimait
15 Dieu, et mon esprit le méconnaissait; ma conduite, mes discours, mes sentiments, mes pensées, n'étaient que contradiction, ténèbres, mensonges. Mais l'homme sait-il bien toujours ce qu'il veut, est-il toujours sûr de ce qu'il pense?

« Tout m'échappait à la fois, l'amitié, le monde, la retraite.
20 J'avais essayé de tout, et tout m'avait été fatal[3]. Repoussé
par la société, abandonné d'Amélie, quand la solitude vint
à me manquer, que me restait-il? C'était la dernière planche
sur laquelle j'avais espéré me sauver, et je la sentais encore
s'enfoncer dans l'abîme! (37)

25 « Décidé que j'étais à me débarrasser du poids de la vie,
je résolus de mettre toute ma raison dans cet acte insensé.
Rien ne me pressait; je ne fixai point le moment du départ,
afin de savourer à longs traits les derniers moments de l'exis-
30 tence, et de recueillir toutes mes forces, à l'exemple d'un
Ancien, pour sentir mon âme s'échapper[4].

---

1. La première partie des *Mémoires* raconte comment, au cours de son adolescence,
Chateaubriand songea lui aussi à se tuer (Ire partie, livre III, chap. 15); 2. Même
précaution et même remords dans les *Mémoires* : (Ire partie, livre III, chap. 15) :
« Me voici arrivé à un moment où j'ai besoin de quelque force pour confesser ma
faiblesse. L'homme qui attente à ses jours montre moins la vigueur de son âme que
la défaillance de sa nature »; 3. Même sentiment d'inquiétude, d'ennui et de solitude chez Rousseau : « Jamais je n'étais parfaitement ni d'autrui, ni de moi-même
Le tumulte du monde m'étourdissait, la solitude m'ennuyait; j'avais sans cesse besoin
de changer de place, et je n'étais bien nulle part. » (*Rêveries du promeneur solitaire*,
huitième promenade); 4. Il s'agit sans doute de Canus Julius, dont Montaigne raconte
la mort, en un récit inspiré de Sénèque (*Essais*, livre II, chap. 6); Sénèque, *De tran-
quillitate animi*, XIV, 9).

---

**QUESTIONS**

37. L'idée du suicide vient-elle à René dans ses moments d'exaltation,
où il est égaré par le désir de l'absolu et de l'infini? Expliquez l'importance, pour la psychologie de René, de la phrase *Bientôt mon cœur ne
fournit plus d'aliment à ma pensée* (ligne 3). — La vérité psychologique
du caractère de René : à quel genre de tempérament faut-il attribuer
l'alternance de l'enthousiasme et de l'abattement? — Les paroles adressées
au P. Souël : le regret exprimé par René s'accompagne-t-il d'un véritable
repentir? Prend-il la responsabilité de son désir de suicide? — Quelle
différence entre Saint-Preux, tenté de se suicider lors de sa promenade
en barque en Italie (*la Nouvelle Héloïse*, IVe partie, lettre XVII), et René?
Faites également une comparaison avec les motifs qui poussent au suicide
Werther et, plus tard, d'autres héros romantiques.

« Cependant je crus nécessaire de prendre des arrangements concernant ma fortune, et je fus obligé d'écrire à Amélie. Il m'échappa quelques plaintes sur son oubli, et je laissai sans
35 doute percer l'attendrissement qui surmontait peu à peu mon cœur. Je m'imaginais pourtant avoir bien dissimulé mon secret; mais ma sœur accoutumée à lire dans les replis de mon âme, le devina sans peine. Elle fut alarmée du ton de contrainte qui régnait dans ma lettre, et de mes questions sur
40 des affaires dont je ne m'étais jamais occupé. Au lieu de me répondre, elle me vint tout à coup surprendre. **(38)**

## [RETOUR D'AMÉLIE]

« Pour bien sentir quelle dut être dans la suite l'amertume de ma douleur, et quels furent mes premiers transports en revoyant Amélie, il faut vous figurer que c'était la seule personne au monde que j'eusse aimée[1], que tous mes sentiments
5 se venaient confondre en elle, avec la douceur des souvenirs de mon enfance. Je reçus donc Amélie dans une sorte d'extase de cœur. Il y avait si longtemps que je n'avais trouvé quelqu'un qui m'entendît, et devant qui je pusse ouvrir mon âme!

« Amélie se jetant dans mes bras, me dit : « Ingrat, tu veux
10 « mourir, et ta sœur existe! Tu soupçonnes son cœur! Ne
« t'explique point, ne t'excuse point, je sais tout; j'ai tout
« compris, comme si j'avais été avec toi. Est-ce moi que l'on
« trompe, moi, qui ai vu naître tes premiers sentiments? Voilà
« ton malheureux caractère, tes dégoûts, tes injustices. Jure,
15 « tandis que je te presse sur mon cœur, jure que c'est la

---

1. *Mémoires*, Iʳᵉ partie, livre III, chap. 6 : « Je croissais auprès de ma sœur Lucile; notre amitié était toute notre vie. »

─────── **QUESTIONS** ───────

**38.** Le rôle de la *raison* et des préoccupations matérielles dans les atermoiements apportés au suicide : comment René justifie-t-il le délai qu'il s'est accordé? Les arguments qu'il donne sonnent-ils tout à fait juste? — Peut-on supposer que René a été inconsciemment poussé à retarder son suicide par l'instinct de conservation ou le secret espoir de revoir Amélie?

« dernière fois que tu te livreras à tes folies ; fais le serment de
« ne jamais attenter à tes jours. »

    « En prononçant ces mots, Amélie me regardait avec compas-
sion et tendresse, et couvrait mon front de ses baisers ; c'était
20 presque une mère, c'était quelque chose de plus tendre. Hélas !
mon cœur se rouvrit à toutes les joies ; comme un enfant, je
ne demandais qu'à être consolé ; je cédai à l'empire d'Amélie ;
elle exigea un serment solennel ; je le fis sans hésiter, ne soupçonnant même pas que désormais je pusse être malheureux.

25    « Nous fûmes plus d'un mois à nous accoutumer à l'enchantement d'être ensemble. Quand le matin, au lieu de me trouver
seul, j'entendais la voix de ma sœur, j'éprouvais un tressail-
lement de joie et de bonheur. Amélie avait reçu de la nature
quelque chose de divin ; son âme avait les mêmes grâces inno-
30 centes que son corps ; la douceur de ses sentiments était infinie ;
il n'y avait rien que de suave et d'un peu rêveur dans son esprit ;
on eût dit que son cœur, sa pensée et sa voix soupiraient comme
de concert ; elle tenait de la femme la timidité et l'amour, et
de l'ange la pureté et la mélodie. **(39)**

35    « Le moment était venu où j'allais expier toutes mes incon-
séquences. Dans mon délire j'avais été jusqu'à désirer d'éprouver un malheur, pour avoir du moins un objet réel de souf-
france : épouvantable souhait que Dieu, dans sa colère, a
trop exaucé !

40    « Que vais-je vous révéler, ô mes amis ! Voyez les pleurs
qui coulent de mes yeux. Puis-je même... Il y a quelques jours,
rien n'aurait pu m'arracher ce secret... A présent tout est fini !

    « Toutefois, ô vieillards, que cette histoire soit à jamais
ensevelie dans le silence : souvenez-vous qu'elle n'a été racon-
45 tée que sous l'arbre du désert. **(40)**

——————— **QUESTIONS** ———————

**39.** Relevez dans les lignes 7-28 tous les mots qui témoignent du
changement survenu dans les sentiments de René ; l'effet de contraste
avec les passages précédents. — Le portrait d'Amélie vue par René :
comparez avec l'image que celui-ci en a donnée dans les scènes de son
enfance (pages 29-36) ; comment l'âge a-t-il transformé certains traits de
son caractère ? — L'idéalisation d'Amélie : n'y a-t-il pas une part d'égoïsme
dans la manière dont René exploite pour son propre bonheur la présence
d'Amélie ?

**40.** La transition qui prépare le lecteur à la catastrophe du dénouement :
montrez que cette pause dans le récit proprement dit accentue l'émotion :
*a)* par des procédés dramatiques ; *b)* par des moyens pathétiques. Comparez à la transition qui se trouve pages 44-46.

« L'hiver finissait, lorsque je m'aperçus qu'Amélie perdait
le repos et la santé qu'elle commençait à me rendre. Elle mai-
grissait; ses yeux se creusaient; sa démarche était languissante,
et sa voix troublée[1]. Un jour, je la surpris tout en larmes au
50 pied d'un crucifix. Le monde, la solitude, mon absence, ma
présence, la nuit, le jour, tout l'alarmait. D'involontaires soupirs venaient expirer sur ses lèvres; tantôt elle soutenait, sans
se fatiguer, une longue course; tantôt elle se traînait à peine;
elle prenait et laissait son ouvrage, ouvrait un livre sans pou-
55 voir lire, commençait une phrase qu'elle n'achevait pas, fondait tout à coup en pleurs, et se retirait pour prier.

« En vain je cherchais à découvrir son secret. Quand je
l'interrogeais, en la pressant dans mes bras, elle me répondait,
avec un sourire, qu'elle était comme moi, qu'elle ne savait
60 pas ce qu'elle avait. (41)


[LES ADIEUX D'AMÉLIE]


« Trois mois se passèrent de la sorte, et son état devenait
pire chaque jour. Une correspondance mystérieuse me semblait
être la cause de ses larmes, car elle paraissait ou plus tranquille ou plus émue, selon les lettres qu'elle recevait. Enfin,
5 un matin, l'heure à laquelle nous déjeunions ensemble étant
passée, je monte à son appartement; je frappe, on ne me répond
point; j'entrouvre la porte, il n'y avait personne dans la

---

1. Même thème déjà dans Ovide (*Héroïdes*, x, vers 21-32); de même, certains
passages de *Paul et Virginie* peignent les premiers troubles de l'amour : « Cependant,
depuis quelque temps, Virginie se sentait agitée d'un mal inconnu. Ses beaux yeux
se marbraient de noir; son teint jaunissait; une langueur universelle abattait son
corps. La sérénité n'était plus sur son front, ni le sourire sur ses lèvres. »

──────── QUESTIONS ────────

41. L'inquiétude d'Amélie : pourquoi René peut-il être particulièrement attentif et sensible aux signes qui révèlent un tel trouble de l'âme?
— Pour quels motifs est-il incapable d'en découvrir la raison? Est-ce
seulement à cause de la discrétion d'Amélie? Dans quelle mesure René
est-il conscient que sa sœur lui a sacrifié sa tranquillité? Peut-il être
satisfait de l'explication que sa sœur lui donne (ligne 59)?

chambre. J'aperçois sur la cheminée un paquet à mon adresse.
Je le saisis en tremblant, je l'ouvre, et je lis cette lettre, que je
10 conserve pour m'ôter à l'avenir tout mouvement de joie.


### À René

« Le Ciel m'est témoin, mon frère, que je donnerais mille
« fois ma vie pour vous épargner un moment de peine; mais,
« infortunée que je suis, je ne puis rien pour votre bonheur.
« Vous me pardonnerez donc de m'être dérobée de chez vous,
5 « comme une coupable : je n'aurais pu résister à vos prières,
« et cependant il fallait partir... Mon Dieu, ayez pitié de moi!

« Vous savez, René, que j'ai toujours eu du penchant pour
« la vie religieuse : il est temps que je mette à profit les aver-
« tissements du Ciel. Pourquoi ai-je attendu si tard? Dieu
10 « m'en punit. J'étais restée pour vous dans le monde... Par-
« donnez, je suis toute troublée par le chagrin que j'ai de
« quitter.

« C'est à présent, mon cher frère, que je sens bien la nécessité
« de ces asiles, contre lesquels je vous ai vu souvent vous élever.
15 « Il est des malheurs qui nous séparent pour toujours des
« hommes : que deviendraient alors de pauvres infortunées?...
« Je suis persuadée que vous-même, mon frère, vous trouve-
« riez le repos dans ces retraites de la religion : la terre n'offre
« rien qui soit digne de vous.

20 « Je ne vous rappellerai point votre serment : je connais
« la fidélité de votre parole. Vous l'avez juré, vous vivrez
« pour moi. Y a-t-il rien de plus misérable, que de songer
« sans cesse à quitter la vie? Pour un homme de votre carac-
« tère, il est si aisé de mourir! Croyez-en votre sœur, il est
25 « plus difficile de vivre.

« Mais, mon frère, sortez au plus vite de la solitude, qui
« ne vous est pas bonne[1]; cherchez quelque occupation[2]. Je
« sais que vous riez amèrement de cette nécessité où l'on est

---

1. Voir aussi page 78, ligne 48, l'avis du P. Souël : « La solitude est mauvaise à
celui qui n'y vit pas avec Dieu »; 2. Rousseau, *la Nouvelle Héloïse*, IIIe partie,
lettre XXI : « Il faut, écrit Milord Édouard à Saint-Preux, pour vous rendre à vous-
même, que vous sortiez d'au-dedans de vous, et ce n'est que dans l'agitation d'une
vie active que vous pourrez trouver le repos. » Le devoir social est donc le meilleur
remède à l'ennui et au dégoût de la vie.

« en France de *prendre un état*. Ne méprisez pas tant l'expé-
30 « rience et la sagesse de nos pères. Il vaut mieux, mon cher
« René, ressembler un peu plus au commun des hommes,
« et avoir un peu moins de malheur.

« Peut-être trouveriez-vous dans le mariage un soulagement
« à vos ennuis. Une femme, des enfants occuperaient vos jours.
35 « Et quelle est la femme qui ne chercherait pas à vous rendre
« heureux! L'ardeur de votre âme, la beauté de votre génie,
« votre air noble et passionné, ce regard fier et tendre, tout
« vous assurerait de son amour et de sa fidélité. Ah! avec
« quelles délices ne te presserait-elle pas dans ses bras et sur
40 « son cœur! Comme tous ses regards, toutes ses pensées
« seraient attachés sur toi pour prévenir tes moindres peines!
« Elle serait tout amour, toute innocence devant toi; tu croi-
« rais retrouver une sœur.

« Je pars pour le couvent de... Ce monastère, bâti au bord
45 « de la mer[1], convient à la situation de mon âme. La nuit,
« du fond de ma cellule, j'entendrai le murmure des flots qui
« baignent les murs du couvent; je songerai à ces promenades
« que je faisais avec vous, au milieu des bois, alors que nous
« croyions retrouver le bruit des mers dans la cime agitée des
50 « pins[2]. Aimable compagnon de mon enfance, est-ce que je
« ne vous verrai plus? A peine plus âgée que vous, je vous
« balançais dans votre berceau; souvent nous avons dormi
« ensemble. Ah! si un même tombeau nous réunissait un jour!
« Mais non : je dois dormir seule sous les marbres glacés de
55 « ce sanctuaire où reposent pour jamais ces filles qui n'ont
« point aimé.

« Je ne sais si vous pourrez lire ces lignes à demi effacées
« par mes larmes. Après tout, mon ami, un peu plus tôt, un
« peu plus tard, n'aurait-il pas fallu nous quitter? Qu'ai-je
60 « besoin de vous entretenir de l'incertitude et du peu de valeur
« de la vie? Vous vous rappelez le jeune M... qui fit naufrage
« à l'île de France[3]. Quand vous reçûtes sa dernière lettre,

---

1. C'est peut-être encore un souvenir d'enfance qui a servi à Chateaubriand pour évoquer le couvent d'Amélie. D'après E. Herpin, il s'agirait du couvent des Ursulines de Saint-Malo, fondé en 1622; 2. On retrouve souvent, chez Chateaubriand, cette confusion entre le bruit des flots et celui du vent dans les pins : « Les bruits du pin [...] quand ils sont violents, ressemblent au mugissement de la mer. » (*Vie de Rancé*, éd. F. Letessier, pages 142 et 147); 3. Selon A. Bardoux (*la Comtesse de Beaumont*, Paris, 1884, pages 13-14), le jeune M... serait Auguste de Montmorin, officier de marine qui mourut dans une tempête, en 1793, en revenant de l'île de France. Selon G. Chinard, il s'agirait d'un cousin de Chateaubriand, un Du Plessy, qui disparut sur les côtes d'Afrique.

« quelques mois après sa mort, sa dépouille terrestre n'existait
« même plus[1], et l'instant où vous commenciez son deuil en
65 « Europe était celui où on le finissait aux Indes. Qu'est-ce
« donc que l'homme, dont la mémoire[2] périt si vite? Une
« partie de ses amis ne peut apprendre sa mort, que l'autre
« n'en soit déjà consolée! Quoi, cher et trop cher René, mon
70 « souvenir s'effacera-t-il si promptement de ton cœur? O mon
« frère, si je m'arrache à vous dans le temps, c'est pour n'être
« pas séparée de vous dans l'éternité. »

AMÉLIE.

P. S. « Je joins ici l'acte de donation de mes biens; j'espère
« que vous ne refuserez pas cette marque de mon amitié[3]. » **(42)**

---

1. É. Bouvier, dans un article de la *Revue d'histoire littéraire* (1930, pages 570-572),
rapproche cette expression d'une expression analogue employée par Chateaubriand
dans la première Préface du *Génie du christianisme*, rappelant une lettre que sa sœur,
M^me de Farcy, lui envoya en Angleterre pour lui annoncer la mort de leur mère :
« Quand la lettre me parvint au-delà des mers, ma sœur elle-même n'existait plus »;
2. *Mémoire* : souvenir; 3. *Amitié* : tout sentiment d'affection, de tendresse ou d'amour
(sens général de la langue classique).

─────── **QUESTIONS** ───────

42. Analysez la lettre d'Amélie : comment se mêlent les conseils raison-
nables aux confidences passionnées? — Des deux voies que René pourrait
suivre dans l'avenir (le couvent ou le mariage), quelle est celle qui, aux
yeux d'Amélie, semble devoir être la plus normale? Amélie risque-t-elle
d'être comprise par son frère quand elle lui recommande de *ressembler
un peu plus au commun des hommes* (ligne 31)? D'une manière plus générale, montrez qu'elle connaît bien le caractère de René : comment s'y
prend-elle pour le convaincre? A votre avis, René est-il « récupérable »?
— Dans quelle mesure les conseils donnés par Amélie annoncent-ils le
sermon prononcé par le P. Souël à la fin du roman? Comment rattachent-
ils *René* à l'intention générale du *Génie du christianisme?*
— Les sentiments d'Amélie à l'égard de René : comment transpa-
raissent-ils à travers les réticences, les allusions, les élans d'une affection
qui veut rester fraternelle? A quoi voit-on qu'Amélie lutte pour masquer
l'expression d'un sentiment interdit? A quels moments l'aveu est-il près
de lui échapper? — La fin de la lettre (lignes 65-72) : quel sentiment
finit par l'emporter? La pensée, qui soutient la résignation d'Amélie et
son espérance, ne fait-elle pas écho à un des thèmes qu'on a vus plusieurs
fois déjà hanter l'esprit de René?
— Si on juge l'ensemble de la lettre, que retient-on surtout, les conseils
moraux ou les souffrances d'un cœur déchiré? — L'art épistolaire :
montrez qu'ici Chateaubriand hérite de toute une tradition romanesque
qui va des *Lettres de la religieuse portugaise* aux *Liaisons dangereuses*
en passant par *la Nouvelle Héloïse*.

« Amélie, se jetant dans mes bras, me dit :
« Ingrat, tu veux mourir et ta sœur existe ! » (Page 57.)
Illustration d'Alfred Johannot. Édition de 1834.

Phot. Larousse.

« Je me laisse tomber sur le linceul de la mort,
je presse ma sœur dans mes bras. » (Page 70.)

Illustration de Coppin. Édition de 1851.

75 « La foudre qui fût tombée à mes pieds ne m'eût pas causé
plus d'effroi que cette lettre. Quel secret Amélie me cachait-
elle? Qui la forçait si subitement à embrasser la vie religieuse?
Ne m'avait-elle rattaché à l'existence par le charme de l'amitié
que pour me délaisser tout à coup? Oh! pourquoi était-elle
80 venue me détourner de mon dessein! Un mouvement de pitié
l'avait rappelée auprès de moi, mais bientôt fatiguée d'un
pénible devoir, elle se hâte de quitter un malheureux qui n'avait
qu'elle sur la terre. On croit avoir tout fait quand on a empê-
ché un homme de mourir! Telles étaient mes plaintes. Puis
85 faisant un retour sur moi-même : « Ingrate Amélie, disais-je,
« si tu avais été à ma place, si, comme moi, tu avais été perdue
« dans le vide de tes jours[1], ah! tu n'aurais pas été abandonnée
« de ton frère. »

« Cependant, quand je relisais la lettre, j'y trouvais je ne
90 sais quoi de si triste et de si tendre, que tout mon cœur se
fondait. Tout à coup il me vint une idée qui me donna quelque
espérance : je m'imaginai qu'Amélie avait peut-être conçu
une passion pour un homme qu'elle n'osait avouer. Ce soup-
çon sembla m'expliquer sa mélancolie, sa correspondance
95 mystérieuse, et le ton passionné qui respirait dans sa lettre.
Je lui écrivis aussitôt pour la supplier de m'ouvrir son cœur.

« Elle ne tarda pas à me répondre, mais sans me découvrir
son secret : elle me mandait seulement qu'elle avait obtenu
les dispenses du noviciat, et qu'elle allait prononcer ses vœux.
100 « Je fus révolté de l'obstination d'Amélie, du mystère de
ses paroles, et de son peu de confiance en mon amitié. **(43)**

## [PÈLERINAGE DE RENÉ AU CHÂTEAU FAMILIAL]

« Après avoir hésité un moment sur le parti que j'avais à
prendre, je résolus d'aller à B... pour faire un dernier effort

---

1. Livre de Job, VII, 3 : *Sic et ego habui menses vacuos et noctes* (« De la même façon
j'ai connu moi aussi le vide des mois et des nuits »).

──────── **QUESTIONS** ────────

43. Les réactions de René à cette lettre : comment son égoïsme fait-il
renaître, avec plus d'intensité encore, un reproche qu'il avait déjà for-
mulé contre sa sœur en d'autres circonstances? Le malentendu tragique
qui en résulte. — L'aveuglement de René ne pourrait-il se comparer,
avec certaines différences essentielles, à l'attitude d'Hippolyte devant
Phèdre à un moment de la tragédie de Racine? — René n'est-il pas cependant sur le point de découvrir la vérité? L'ironie tragique de la décision
qu'il prend.

auprès de ma sœur. La terre où j'avais été élevé se trouvait sur
la route. Quand j'aperçus les bois où j'avais passé les seuls
5 moments heureux de ma vie, je ne pus retenir mes larmes, et
il me fut impossible de résister à la tentation de leur dire un
dernier adieu[1].

« Mon frère aîné avait vendu l'héritage paternel, et le nouveau propriétaire ne l'habitait pas. J'arrivai au château par
10 la longue avenue de sapins; je traversai à pied les cours désertes;
je m'arrêtai à regarder les fenêtres fermées ou demi-brisées,
le chardon qui croissait au pied des murs, les feuilles qui jon-
chaient le seuil des portes, et ce perron solitaire où j'avais vu
si souvent mon père et ses fidèles serviteurs. Les marches
15 étaient déjà couvertes de mousse; le violier[2] jaune croissait
entre leurs pierres déjointes et tremblantes[3]. Un gardien
inconnu m'ouvrit brusquement les portes. J'hésitais à franchir
le seuil; cet homme s'écria : « Eh bien! allez-vous faire comme
« cette étrangère qui vint ici il y a quelques jours? Quand ce
20 « fut pour entrer, elle s'évanouit, et je fus obligé de la reporter
« à sa voiture. » Il me fut aisé de reconnaître l'*étrangère* qui,
comme moi, était venue chercher dans ces lieux des pleurs et
des souvenirs!

« Couvrant un moment mes yeux de mon mouchoir, j'entrai
25 sous le toit de mes ancêtres. Je parcourus les appartements
sonores où l'on n'entendait que le bruit de mes pas. Les
chambres étaient à peine éclairées par la faible lumière qui
pénétrait entre les volets fermés : je visitai celle où ma mère
avait perdu la vie en me mettant au monde[4], celle où se reti-

1. D'après les *Mémoires*, Chateaubriand ne serait revenu à Combourg que trois
fois depuis son départ pour le régiment de Navarre : en 1786, après la mort de son
père; une deuxième fois, en compagnie de sa mère, qui s'occupait de l'ameublement
du château; une troisième fois, en 1791, avant de s'embarquer à Saint-Malo pour
l'Amérique; la correspondance avec M^{me} de Staël prouve cependant que l'auteur
revit Combourg en 1801, bien que cette visite ne soit pas mentionnée dans les *Mémoires*.
Selon Paul Gautier, Chateaubriand aurait dissimulé cette ultime visite par désir de
mieux s'identifier avec son héros : son dernier voyage à Combourg avant le départ
pour l'Amérique correspond à la visite de René au château natal avant le départ
pour la Louisiane. Chateaubriand décrit ainsi dans les *Mémoires* sa propre visite
au château abandonné : « Enfin je poussai une troisième fois à Combourg en allant
m'embarquer pour l'Amérique. Le château était abandonné. Je fus obligé de descendre chez le régisseur. Lorsque, en errant, dans le grand Mail, j'aperçus au fond
d'une allée obscure le perron désert, la porte et les fenêtres fermées, je me trouvai
mal. Le regagnai avec peine le village; j'envoyai chercher mes chevaux et je partis
au milieu de la nuit. »; 2. *Violier* : nom familier et ancien de la giroflée; 3. Toute
cette description renferme maints détails que nous retrouvons dans les *Mémoires*
(I^{re} partie, livre II, chap. 2) lorsque l'auteur, racontant son enfance, décrit le château paternel de Combourg; 4. Chateaubriand perdit en réalité sa mère en 1798, alors
qu'il se trouvait en Angleterre.

30 rait mon père, celle où j'avais dormi dans mon berceau, celle
enfin où l'amitié[1] avait reçu mes premiers vœux dans le sein
d'une sœur. Partout les salles étaient détendues[2], et l'araignée
filait sa toile dans les couches abandonnées. Je sortis précipitamment de ces lieux, je m'en éloignai à grands pas, sans oser
35 tourner la tête. Qu'ils sont doux, mais qu'ils sont rapides, les
moments que les frères et les sœurs passent dans leurs jeunes
années, réunis sous l'aile de leurs vieux parents! La famille
de l'homme n'est que d'un jour; le souffle de Dieu la disperse
comme une fumée[3]. A peine le fils connaît-il le père, le père
40 le fils, le frère la sœur, la sœur le frère! Le chêne voit germer
ses glands autour de lui : il n'en est pas ainsi des enfants des
hommes! **(44)**

## [LA PRISE DE VOILE D'AMÉLIE]

« En arrivant à B...[4], je me fis conduire au couvent; je
demandai à parler à ma sœur. On me dit qu'elle ne recevait
personne. Je lui écrivis : elle me répondit que, sur le point
de se consacrer à Dieu, il ne lui était pas permis de donner
5 une pensée au monde; que si je l'aimais, j'éviterais de l'acca-
bler de ma douleur. Elle ajoutait : « Cependant si votre pro-
« jet est de paraître à l'autel le jour de ma profession, daignez
« m'y servir de père; ce rôle est le seul digne de votre courage,
« le seul qui convienne à notre amitié, et à mon repos. »

10 « Cette froide fermeté qu'on opposait à l'ardeur de mon
amitié, me jeta dans de violents transports. Tantôt j'étais
près de retourner sur mes pas; tantôt je voulais rester,

---

**1.** *Amitié* : voir page 62, note 3; **2.** *Détendre* : détacher ce qui est tendu, c'est-à-
dire ôter les tentures; **3.** Livre de Job, IV, 9 : *Flante Deo periisse et spiritu irae ejus
esse consumptos* (« Le souffle de Dieu les a fait périr, et sa colère les a anéantis »);
**4.** D'après F. Letessier, le port de B. ferait penser à Brest. En réalité, c'est à Saint-
Malo que Chateaubriand s'embarqua pour le Nouveau Monde.

**━━ QUESTIONS ━━**

**44.** En vous aidant des notes et des *Mémoires d'outre-tombe*, montrez
quelle est la part des souvenirs personnels dans cette évocation du retour
au château natal. Étudiez quels éléments ont été transformés, comment
et à quelle fin ils l'ont été. — Quels sont les sentiments ressentis par
René au cours de cette visite? — Le thème du retour à la maison abandonnée : connaissez-vous des textes de l'époque romantique sur le même
sujet? — La pensée qui termine le récit n'est-elle pas une nouvelle varia-
tion sur une idée morale qui jalonne tout le roman?

uniquement pour troubler le sacrifice. L'enfer me suscitait
jusqu'à la pensée de me poignarder dans l'église, et de mêler
15 mes derniers soupirs aux vœux qui m'arrachaient ma sœur.
La supérieure du couvent me fit prévenir qu'on avait préparé
un banc dans le sanctuaire, et elle m'invitait à me rendre à la
cérémonie qui devait avoir lieu dès le lendemain. **(45)**

« Au lever de l'aube, j'entendis le premier son des cloches...
20 Vers dix heures, dans une sorte d'agonie, je me traînai au
monastère. Rien ne peut plus être tragique quand on a assisté
à un pareil spectacle; rien ne peut plus être douloureux quand
on y a survécu[1].

« Un peuple immense remplissait l'église. On me conduit
25 au banc du sanctuaire; je me précipite à genoux sans presque
savoir où j'étais, ni à quoi j'étais résolu. Déjà le prêtre atten-
dait à l'autel; tout à coup la grille mystérieuse s'ouvre, et
Amélie s'avance, parée de toutes les pompes du monde. Elle
était si belle, il y avait sur son visage quelque chose de si divin,
30 qu'elle excita un mouvement de surprise et d'admiration.
Vaincu par la glorieuse douleur de la sainte, abattu par les
grandeurs de la religion, tous mes projets de violence s'éva-
nouirent; ma force m'abandonna; je me sentis lié par une
main toute-puissante, et, au lieu de blasphèmes et de menaces,
35 je ne trouvai dans mon cœur que de profondes adorations et
les gémissements de l'humilité. **(46)**

---

1. A. Monglond (*le Préromantisme français*, I, pages 256-258) indique que la prise
de voile était déjà un des thèmes favoris des romans au XVIIIᵉ siècle. J. Pommier,
d'autre part, écrit dans la *Revue d'histoire littéraire* (1937, page 264) : « L'extrême
exactitude dans le narré de la cérémonie semble supposer la consultation d'un rituel. »
E. Herpin enfin rappelle, dans un article des *Annales romantiques* (mars-avril 1912),
que Chateaubriand, âgé de douze ans, avait assisté à la prise de voile d'une de ses
cousines, et cette cérémonie lui avait laissé « un impérissable souvenir ».

**━━━ QUESTIONS ━━━**

**45.** La montée de la tension tragique : pourquoi rien ne peut-il, ni
chez Amélie, ni chez René, remédier à leur fatale incompréhension? —
Relevez dans ce passage les termes qui appartiennent au vocabulaire
traditionnel de la tragédie : comment créent-ils l'atmosphère du drame
qui se prépare? — Les hésitations de René sont-elles dues ici à la perpétuelle instabilité de son caractère? La tentation du suicide a-t-elle maintenant des motifs comparables à ceux qu'il a révélés page 56?

**46.** Étudiez la composition et le mouvement de cette première partie
du récit de la prise de voile : comment le style (vocabulaire et rythme
de la phrase) rend-il la transformation miraculeuse que produit sur René
l'apparition d'Amélie? — René et la religion : l'émotion instinctive qui
s'empare de lui est-elle le témoignage d'une foi profonde? Comparez ce
passage à la méditation de René dans une église parisienne (voir pages 49-
50 et la question 29).

« Amélie se place sous un dais. Le sacrifice commence à
la lueur des flambeaux, au milieu des fleurs et des parfums,
qui devaient rendre l'holocauste agréable[1]. A l'offertoire, le
40 prêtre se dépouilla de ses ornements, ne conserva qu'une
tunique de lin, monta en chaire, et, dans un discours simple
et pathétique, peignit le bonheur de la vierge qui se consacre
au Seigneur. Quand il prononça ces mots : « Elle a paru comme
« l'encens qui se consume dans le feu[2] », un grand calme et
45 des odeurs célestes semblèrent se répandre dans l'auditoire;
on se sentit comme à l'abri sous les ailes de la colombe mystique, et l'on eût cru voir les anges descendre sur l'autel et
remonter vers les cieux avec des parfums et des couronnes[3].

« Le prêtre achève son discours, reprend ses vêtements,
50 continue le sacrifice. Amélie, soutenue de deux jeunes religieuses, se met à genoux sur la dernière marche de l'autel.
On vient alors me chercher, pour remplir les fonctions pater-
nelles. Au bruit de mes pas chancelants dans le sanctuaire,
Amélie est prête à défaillir. On me place à côté du prêtre, pour
55 lui présenter les ciseaux. En ce moment je sens renaître mes
transports; ma fureur[4] va éclater, quand Amélie, rappelant
son courage, me lance un regard où il y a tant de reproche
et de douleur que j'en suis atterré. La religion triomphe. Ma
sœur profite de mon trouble; elle avance hardiment la tête.
60 Sa superbe chevelure tombe de toutes parts sous le fer sacré;
une longue robe d'étamine remplace pour elle les ornements
du siècle, sans la rendre moins touchante; les ennuis de son
front se cachent sous un bandeau de lin; et le voile mystérieux,
double symbole de la virginité et de la religion, accompagne
65 sa tête dépouillée. Jamais elle n'avait paru si belle. L'œil de
la pénitente était attaché sur la poussière du monde, et son
âme était dans le ciel. (47)

---

1. Lévitique, I, 9, 13, 17 : *Holocaustum et oblatio suavissimi odoris.* (« Un holocauste et une offrande du parfum le plus agréable. »); 2. Ecclésiastique, I, 9 : *Appa-
ruit [...] quasi ignis effulgens et thus ardens in igne* (« Elle a paru comme un feu étin-
celant et un encens qui brûle dans le feu »); 3. Souvenirs de Chateaubriand qui,
enfant, assistait aux offices à la cathédrale de Saint-Malo : « Je voyais les cieux ouverts,
les anges offrant notre encens et nos vœux; je courbais mon front » (*Mémoires*,
I^re partie, livre premier, chap. 7); 4. *Fureur* : violence démentielle (sens classique).

**━━━ QUESTIONS ━━━**

47. L'élément descriptif : montrez comment les termes exacts tirés
du rituel se mêlent aux expressions poétiques. — Les péripéties dramatiques de la scène : René est-il sensible à la signification mystique du
spectacle? Pourquoi son mouvement de révolte (lignes 27-36) se résout-il
en un sentiment d'admiration?

« Cependant Amélie n'avait point encore prononcé ses vœux; et pour mourir au monde[1] il fallait qu'elle passât à
70 travers le tombeau. Ma sœur se couche sur le marbre; on étend sur elle un drap mortuaire; quatre flambeaux en marquent les quatre coins. Le prêtre, l'étole au cou, le livre à la main, commence l'Office des morts; de jeunes vierges le continuent. O joies de la religion, que vous êtes grandes, mais que vous
75 êtes terribles! On m'avait contraint de me placer à genoux, près de ce lugubre appareil[2]. Tout à coup un murmure confus sort de dessous le voile sépulcral; je m'incline, et ces paroles épouvantables (que je fus seul à entendre), viennent frapper mon oreille : « Dieu de miséricorde, fais que je ne me relève
80 « jamais de cette couche funèbre, et comble de tes biens un « frère qui n'a point partagé ma criminelle passion! »

« A ces mots échappés du cercueil, l'affreuse vérité m'éclaire; ma raison s'égare, je me laisse tomber sur le linceul de la mort, je presse ma sœur dans mes bras, je m'écrie : « Chaste épouse
85 « de Jésus-Christ[3], reçois mes derniers embrassements à tra- « vers les glaces du trépas et les profondeurs de l'éternité, qui « te séparent déjà de ton frère! » (48)

« Ce mouvement, ce cri, ces larmes, troublent la cérémonie, le prêtre s'interrompt, les religieuses ferment la grille, la foule
90 s'agite et se presse vers l'autel; on m'emporte sans connais- sance. Que je sus peu de gré à ceux qui me rappelèrent au jour! J'appris, en rouvrant les yeux, que le sacrifice était consommé, et que ma sœur avait été saisie d'une fièvre ardente. Elle me faisait prier de ne plus chercher à la voir. O misère
95 de ma vie : une sœur craindre de parler à un frère, et un frère craindre de faire entendre sa voix à une sœur! Je sortis du

---

1. *Mourir au monde* : renoncer définitivement à la société des hommes (expression traditionnelle des moralistes chrétiens); 2. *Appareil :* ensemble des préparatifs et des objets relatifs à la cérémonie; 3. La prise de voile unit en effet la religieuse à Jésus par un mariage mystique.

───────── QUESTIONS ─────────

48. Relevez tous les termes qui accentuent le caractère macabre de la dernière phase de la cérémonie. — En quoi l'évocation (d'ailleurs très exacte) de tous les moments de la cérémonie rejoint-elle l'intention géné- rale du *Génie du christianisme?* — Les éléments pathétiques de cette scène : comment les deux thèmes de l'amour et de la mort s'associent-ils dans l'adieu du frère et de la sœur? — Quel aspect du romantisme se révèle ici? Doit-on parler de tragédie ou de mélodrame? Le délire pas- sionnel ne s'encombre-t-il pas d'une rhétorique qui est marquée par le goût d'une époque?

monastère comme de ce lieu d'expiation où les flammes nous préparent pour la vie céleste, où l'on a tout perdu comme aux enfers, hors l'espérance[1]. **(49)**

## [LA JOIE D'ÊTRE MALHEUREUX]

« On peut trouver des forces dans son âme contre un malheur personnel; mais devenir la cause involontaire du malheur d'un autre, cela est tout à fait insupportable. Éclairé sur les maux de ma sœur, je me figurais ce qu'elle avait dû souffrir.
5 Alors s'expliquèrent pour moi plusieurs choses que je n'avais pu comprendre : ce mélange de joie et de tristesse, qu'Amélie avait fait paraître au moment de mon départ pour mes voyages, le soin qu'elle prit de m'éviter à mon retour, et cependant cette faiblesse qui l'empêcha si longtemps d'entrer dans un
10 monastère; sans doute la fille malheureuse s'était flattée de guérir! Ses projets de retraite, la dispense du noviciat, la disposition de ses biens en ma faveur, avaient apparemment produit cette correspondance secrète qui servit à me tromper.

« O mes amis, je sus donc ce que c'était que de verser des
15 larmes, pour un mal qui n'était point imaginaire! Mes passions, si longtemps indéterminées, se précipitèrent sur cette première proie avec fureur. Je trouvai même une sorte de satisfaction inattendue dans la plénitude de mon chagrin, et je m'aperçus, avec un secret mouvement de joie, que la douleur n'est pas une
20 affection qu'on épuise comme le plaisir.

---

**1.** Vers de Dante (*Enfer*, III, 9) : *Lasciate ogni speranza, voi ch'entrate* (« Laissez toute espérance, vous qui entrez »). Le lieu dont il est question ici est non l'enfer, mais le purgatoire.

─────── **QUESTIONS** ───────

49. Si l'on juge de l'ensemble de cette scène de la prise de voile, ne peut-on le comparer au grand récit qui souvent clôt une tragédie pour en faire connaître le dénouement? — Reprenez l'ensemble du récit : montrez-en la progression dramatique; précisez la nature du conflit tragique qui oppose René à Amélie. — Ce *sacrifice* ne pourrait-il être comparé à certains sacrifices païens qui terminent des tragédies raciniennes? Dans quelle mesure le récit de René prouve-t-il que le christianisme peut, selon la thèse du *Génie*, créer une émotion plus directe et plus profonde que l'Antiquité, qui est loin de nous?

« J'avais voulu quitter la terre avant l'ordre du Tout-Puissant; c'était un grand crime : Dieu m'avait envoyé Amélie à la fois pour me sauver et pour me punir. Ainsi, toute pensée coupable, toute action criminelle entraîne après elle des
25 désordres et des malheurs. Amélie me priait de vivre, et je lui devais bien de ne pas aggraver ses maux. D'ailleurs (chose étrange!) je n'avais plus envie de mourir depuis que j'étais réellement malheureux. Mon chagrin était devenu une occupation qui remplissait tous mes moments : tant mon cœur
30 est naturellement pétri d'ennui et de misère! **(50)**

### [DÉCISION DE DÉPART]

« Je pris donc subitement une autre résolution; je me déterminai à quitter l'Europe, et à passer en Amérique[1].

« On équipait, dans ce moment même, au port de B...[2], une flotte pour la Louisiane; je m'arrangeai avec un des capi-
5 taines de vaisseau; je fis savoir mon projet à Amélie, et je m'occupai de mon départ.

« Ma sœur avait touché aux portes de la mort[3]; mais Dieu, qui lui destinait la première palme des vierges, ne voulut pas la rappeler si vite à lui; son épreuve ici-bas fut prolongée.
10 Descendue une seconde fois dans la pénible carrière de la vie, l'héroïne, courbée sous la croix, s'avança courageusement à l'encontre des douleurs, ne voyant plus que le triomphe dans le combat, et dans l'excès des souffrances, l'excès de la gloire.

« La vente du peu de bien qui me restait, et que je cédai
15 à mon frère, les longs préparatifs d'un convoi, les vents contraires, me retinrent longtemps dans le port. J'allais chaque

---

1. Le départ pour l'Amérique est encore un souvenir personnel; 2. Chateaubriand s'est, en réalité, embarqué à Saint-Malo (voir page 67, note 4); 3. Psaumes, CVI, 18 : *Appropinquaverunt usque ad portas mortis* (« Ils ont approché jusqu'aux portes de la mort »).

———— **QUESTIONS** ————

50. Le nouvel état d'âme de René : quelle transformation s'est produite en lui? Pourquoi a-t-on d'abord l'impression qu'il est devenu un homme comme les autres? A-t-il davantage le sens de ses responsabilités? — A partir de quel moment s'aperçoit-on que René se replie de nouveau sur lui-même? Son égoïsme ne le pousse-t-il pas inconsciemment jusqu'à une sorte de cynisme?

matin m'informer des nouvelles d'Amélie, et je revenais toujours avec de nouveaux motifs d'admiration et de larmes. (51)

« J'errais sans cesse autour du monastère bâti au bord de
20 la mer[1]. J'apercevais souvent, à une petite fenêtre grillée qui
donnait sur une plage déserte, une religieuse assise dans une
attitude pensive; elle rêvait à l'aspect de l'océan où apparais-
sait quelque vaisseau, cinglant aux extrémités de la terre.
Plusieurs fois, à la clarté de la lune, j'ai revu la même reli-
25 gieuse aux barreaux de la même fenêtre : elle contemplait la
mer, éclairée par l'astre de la nuit, et semblait prêter l'oreille
au bruit des vagues qui se brisaient tristement sur des grèves
solitaires.

« Je crois encore entendre la cloche qui, pendant la nuit,
30 appelait les religieuses aux veilles et aux prières. Tandis qu'elle
tintait avec lenteur[2], et que les vierges s'avançaient en silence
à l'autel du Tout-Puissant, je courais au monastère : là, seul
au pied des murs, j'écoutais dans une sainte extase, les derniers
sons des cantiques, qui se mêlaient sous les voûtes du temple
35 au faible bruissement des flots[3]. (52)

« Je ne sais comment toutes ces choses, qui auraient dû

---

1. Voir page 61, note 1; 2. Gray, *Tombeaux champêtres* : Dans les airs frémis-
sants, j'entends de longs murmures de la cloche *qui tinte avec lenteur...*; 3. Voir *Lettre
à M. de Fontanes* : « Oh! comme ils devaient être tristes, les tintements de la cloche
religieuse qui, dans le calme des nuits, appelaient les vestales aux veilles et aux prières,
et se mêlaient sous les voûtes du temple aux derniers sons des cantiques et aux faibles
bruissements des flots lointains! »; et *Mémoires* (Ire partie, livre premier, chap. 2) :
« Mon oreille était frappée par la douce voix de quelques femmes invisibles : l'harmonie de leurs cantiques se mêlait aux mugissements des flots. »

---

## ──────── QUESTIONS ────────

51. Est-ce la première fois que René prend brusquement une décision
nouvelle? Quel trait de son caractère reparaît ici? René pourrait-il jus-
tifier son projet, alors qu'il sait par expérience que le voyage ne peut
apporter l'évasion? — Devient-il plus accessible à l'héroïsme du sacrifice
accompli par sa sœur? Son *admiration* et ses *larmes* sont-elles la preuve
d'une sympathie profonde?

52. Est-ce par affection pour Amélie ou par pitié instinctive que René
se dirige du côté du monastère? Montrez qu'il est une fois de plus guidé
par les besoins de son imagination et les désirs de sa sensibilité. — L'art
du tableau dans les lignes 19-28 : quels effets naissent de la même image
sous deux éclairages différents? La présence de l'océan : comment harmo-
nise-t-elle le thème de l'infini à ceux de la solitude et de la nuit? — Le
raffinement dans la recherche des harmonies de la nuit (lignes 29-35) :
cette *extase* est-elle aussi *sainte* que le croit René?

*roused / bitterness*

*needle*

nourrir mes peines, en émoussaient au contraire l'aiguillon.
Mes larmes avaient moins d'amertume lorsque je les répandais
sur les rochers et parmi les vents. Mon chagrin même, par sa
40 nature extraordinaire, portait avec lui quelque remède : on
jouit de ce qui n'est pas commun, même quand cette chose
est un malheur. J'en conçus presque l'espérance que ma sœur
deviendrait à son tour moins misérable.

« Une lettre que je reçus d'elle avant mon départ sembla
45 me confirmer dans ces idées. Amélie se plaignait tendrement
de ma douleur, et m'assurait que le temps diminuait la sienne.
« Je ne désespère pas de mon bonheur, me disait-elle. L'excès
« même du sacrifice, à présent que le sacrifice est consommé,
« sert à me rendre quelque paix. La simplicité de mes
50 « compagnes, la pureté de leurs vœux, la régularité de leur vie,
« tout répand du baume sur mes jours. Quand j'entends gron-
« der les orages, et que l'oiseau de mer vient battre des ailes
« à ma fenêtre, moi, pauvre colombe du ciel, je songe au
« bonheur que j'ai eu de trouver un abri contre la tempête[1].
55 « C'est ici la sainte montagne, le sommet élevé d'où l'on entend
« les derniers bruits de la terre, et les premiers concerts du
« ciel; c'est ici que la religion trompe doucement une âme
« sensible : aux plus violentes amours elle substitue une sorte
« de chasteté brûlante où l'amante et la vierge sont unies;
60 « elle épure les soupirs; elle change en une flamme incorrup-
« tible une flamme périssable; elle mêle divinement son calme et
« son innocence à ce reste de trouble et de volupté d'un cœur
« qui cherche à se reposer, et d'une vie qui se retire. » **(53)**

« Je ne sais ce que le ciel me réserve, et s'il a voulu m'avertir
65 que les orages accompagneraient partout mes pas. L'ordre
était donné pour le départ de la flotte; déjà plusieurs vaisseaux

---

1. Isaïe, LX, 8 : *Qui sunt isti qui ut nubes volant et quasi columbae ad suas
fenestras?* « (Qui sont-ils, ceux-là qui volent comme des nuages et viennent, ainsi
que des colombes, jusqu'à leurs fenêtres? ») et IV, 6 : *Et tabernaculum erit* [...] *in
absconsionem a turbine et a pluvia* (« Et le tabernacle sera [...] un refuge pour se
garantir de la tempête et de l'orage »).

--- **QUESTIONS** ---

53. Est-il plus facile au lecteur qu'à René de comprendre pourquoi il
trouve une sorte de sérénité dans sa situation actuelle? Commentez sa
réflexion *On jouit de ce qui n'est pas commun, même quand cette chose
est un malheur.* — Résignation et mysticisme dans la lettre d'Amélie;
René a-t-il raison de concevoir l'espoir que sa sœur sera désormais moins
malheureuse? — Comment le conflit tragique entre Amélie et René
peut-il donner l'illusion de tourner à l'apaisement?

avaient appareillé au baisser[1] du soleil; je m'étais arrangé
pour passer la dernière nuit à terre, afin d'écrire ma lettre
d'adieux à Amélie. Vers minuit, tandis que je m'occupe de
70 ce soin, et que je mouille mon papier de mes larmes, le bruit
des vents vient frapper mon oreille. J'écoute; et au milieu
de la tempête, je distingue les coups de canon d'alarme, mêlés
au glas de la cloche monastique. Je vole sur le rivage où tout
était désert, et où l'on n'entendait que le rugissement des flots.
75 Je m'assieds sur un rocher[2]. D'un côté s'étendent les vagues
étincelantes, de l'autre les murs sombres du monastère se
perdent confusément dans les cieux. Une petite lumière paraissait à la fenêtre grillée. Était-ce toi, ô mon Amélie, qui pros-
ternée au pied du crucifix, priais le Dieu des orages d'épargner
80 ton malheureux frère? La tempête sur les flots, le calme dans
ta retraite; des hommes brisés sur des écueils, au pied de l'asile
que rien ne peut troubler; l'infini de l'autre côté du mur d'une
cellule; les fanaux agités des vaisseaux, le phare immobile du
couvent; l'incertitude des destinées du navigateur, la vestale
85 connaissant dans un seul jour tous les jours futurs de sa vie;
d'une autre part, une âme telle que la tienne, ô Amélie, orageuse comme l'océan; un naufrage plus affreux que celui du
marinier : tout ce tableau est encore profondément gravé dans
ma mémoire **(54)**. Soleil de ce ciel nouveau maintenant témoin
90 de mes larmes, écho du rivage américain qui répétez les accents
de René, ce fut le lendemain de cette nuit terrible, qu'appuyé
sur le gaillard de mon vaisseau, je vis s'éloigner pour jamais
ma terre natale! Je contemplai longtemps sur la côte les derniers balancements des arbres de la patrie, et les faîtes du
95 monastère qui s'abaissaient à l'horizon[3]. » **(55)**

1. Rousseau, *Rêveries du promeneur solitaire*, cinquième promenade : « Souvent
averti par le *baisser* du soleil de l'heure de la retraite. »; 2. Influence d'Ossian dans
cette attitude; 3. Dans les *Mémoires* (I^re partie, livre V, chap. 15), impressions analogues de Chateaubriand quittant la France pour l'Amérique.

## QUESTIONS

54. Quel thème — presque attendu — reparaît, avec plus de puissance
que précédemment, dans ce dernier paragraphe de la confidence de René?
La signification symbolique de cette apparition de la tempête : quel
signe fatal y est lié? — Étudiez le mouvement et le jeu antithétique des
images dans les lignes 71-88 (depuis *J'écoute...*); montrez que tous les
thèmes des lignes 19-35 se retrouvent, mais orchestrés dans un mouvement *appassionato*, qui aboutit à une sorte de triomphe.

55. Pourquoi le récit de René se termine-t-il si rapidement après la
grande vision de la tempête? Analysez le vocabulaire et le rythme des
dernières images.

## [MORT D'AMÉLIE. LA LEÇON DU P. SOUËL]

Comme René achevait de raconter son histoire, il tira un papier de son sein, et le donna au P. Souël; puis, se jetant dans les bras de Chactas, et étouffant ses sanglots, il laissa le temps au missionnaire de parcourir la lettre qu'il venait de lui remettre.

5 Elle était de la Supérieure de... Elle contenait le récit des derniers moments de la sœur Amélie de la Miséricorde, morte victime de son zèle et de sa charité, en soignant ses compagnes attaquées d'une maladie contagieuse[1]. Toute la communauté était inconsolable, et l'on y regardait Amélie comme une 10 sainte. La Supérieure ajoutait que, depuis trente ans qu'elle était à la tête de la maison, elle n'avait jamais vu de religieuse d'une humeur aussi douce et aussi égale, ni qui fût plus contente d'avoir quitté les tribulations du monde[2].

Chactas pressait René dans ses bras; le vieillard pleurait. 15 « Mon enfant, dit-il à son fils, je voudrais que le P. Aubry[3] fût ici, il tirait du fond de son cœur je ne sais quelle paix qui, en les calmant, ne semblait cependant point étrangère aux tempêtes; c'était la lune dans une nuit orageuse; les nuages errants ne peuvent l'emporter dans leur course; pure et inal-20 térable, elle s'avance tranquille au-dessus d'eux. Hélas, pour moi, tout me trouble et m'entraîne! » (56)

Jusqu'alors le P. Souël, sans proférer une parole, avait écouté d'un air austère l'histoire de René. Il portait en secret

---

1. Le roman s'est écarté de la réalité en ce qui concerne l'histoire d'Amélie : Lucile de Chateaubriand n'entra pas en religion; elle épousa en 1796 le chevalier de Caud et mourut en 1804 dans un état nerveux voisin de la folie. Quant à l'amour d'Amélie pour son frère, de nombreux ouvrages ont lavé Lucile des soupçons qui auraient pu peser sur elle. Chateaubriand a suivi là, malencontreusement il est vrai, étant donné le caractère fortement autobiographique du roman, une mode littéraire : l'inceste était un des thèmes favoris de la littérature romanesque avant *René*; 2. *Tribulations du monde* : vaines agitations de la vie sociale (expression traditionnelle des moralistes chrétiens et des orateurs sacrés); 3. Le P. Aubry apparaît dans *Atala*.

<hr/>

──────── **QUESTIONS** ────────

56. La mort d'Amélie était-elle prévisible? Comment est transposée ici la tradition romanesque de la mort de l'héroïne (*Manon Lescaut, la Nouvelle Héloïse*, etc.)? — Comment s'explique l'émotion de Chactas? A quel souvenir de sa jeunesse est lié le nom du P. Aubry? — Le langage imagé de Chactas : est-ce seulement ici une façon de faire de l'exotisme et de transcrire la manière de penser d'un « sauvage »? Cette image ne révèle-t-elle pas une sympathie profonde entre Chactas et René?

« Il tira un papier de son sein, et le donna au P. Souël. » (Page 76.)
Illustration de Choffard, d'après Barthélemy Garnier. Édition de 1805.

un cœur compatissant, mais il montrait au dehors un carac-
25 tère inflexible; la sensibilité du Sachem le fit sortir du silence :

« Rien, dit-il au frère d'Amélie, rien ne mérite, dans cette
histoire, la pitié qu'on vous montre ici. Je vois un jeune
homme entêté de chimères, à qui tout déplaît et qui s'est
soustrait aux charges de la société pour se livrer à d'inutiles
30 rêveries. On n'est point, monsieur, un homme supérieur
parce qu'on aperçoit le monde sous un jour odieux. On ne
hait les hommes et la vie, que faute de voir assez loin. Éten-
dez un peu plus votre regard, et vous serez bientôt convaincu
que tous ces maux dont vous vous plaignez sont de purs
35 néants. Mais quelle honte de ne pouvoir songer au seul
malheur réel de votre vie, sans être forcé de rougir! Toute
la pureté, toute la vertu, toute la religion, toutes les couronnes d'une sainte rendent à peine tolérable la seule idée
de vos chagrins. Votre sœur a expié sa faute; mais, s'il faut
40 dire ici ma pensée, je crains que, par une épouvantable
justice, un aveu sorti du sein de la tombe, n'ait troublé votre
âme à son tour. Que faites-vous seul au fond des forêts où
vous consumez vos jours, négligeant tous vos devoirs? Des
saints, me direz-vous, se sont ensevelis dans les déserts?
45 Ils y étaient avec leurs larmes et employaient à éteindre leurs
passions le temps que vous perdez peut-être à allumer les
vôtres. Jeune présomptueux qui avez cru que l'homme se
peut suffire à lui-même! La solitude est mauvaise à celui
qui n'y vit pas avec Dieu; elle redouble les puissances de
50 l'âme, en même temps qu'elle leur ôte tout sujet pour s'exercer. Quiconque a reçu des forces, doit les consacrer au service de ses semblables; s'il les laisse inutiles, il en est d'abord
puni par une secrète misère, et tôt ou tard le ciel lui envoie
un châtiment effroyable. »

55 Troublé par ces paroles, René releva du sein de Chactas
sa tête humiliée. Le Sachem aveugle se prit à sourire; et ce
sourire de la bouche, qui ne se mariait plus à celui des yeux,
avait quelque chose de mystérieux et de céleste. « Mon fils,
dit le vieil amant d'Atala, il nous parle sévèrement; il corrige
60 et le vieillard et le jeune homme, et il a raison. Oui, il faut
que tu renonces à cette vie extraordinaire qui n'est pleine
que de soucis : il n'y a de bonheur que dans les voies
communes. (57)

---

### QUESTIONS

57. *Voir page suivante.*

*lecteur*

« Un jour le Meschacebé, encore assez près de sa source,
65 se lassa de n'être qu'un limpide ruisseau. Il demande des
neiges aux montagnes, des eaux aux torrents, des pluies
aux tempêtes, il franchit ses rives, et désole ses bords char-
mants. L'orgueilleux ruisseau s'applaudit d'abord de sa puissance; mais voyant que tout devenait désert sur son passage;
70 qu'il coulait, <u>abandonné dans la solitude</u>; que ses eaux étaient
toujours troublées, il regretta l'humble lit que lui avait
creusé la nature, les oiseaux, les fleurs, les arbres et les ruisseaux, jadis modestes compagnons de son paisible cours. » **(58)**

Chactas cessa de parler, et l'on entendit la voix du flam-
75 mant[1] qui, retiré dans les roseaux du Meschacebé, annonçait
un orage pour le milieu du jour. Les trois amis reprirent la
route de leurs cabanes : René marchait en silence entre le
missionnaire qui priait Dieu, et le Sachem aveugle qui cherchait sa route. On dit que, pressé par les deux vieillards, il
80 <u>retourna chez son épouse</u>[2], mais sans y trouver le bonheur.
Il périt peu de temps après avec Chactas et le P. Souël, dans le
massacre des Français et des Natchez à la Louisiane[3]. On
montre encore un rocher où il allait s'asseoir au soleil
couchant[4]. **(59)**

---

1. *Flammant* ou *flamant :* oiseau échassier au plumage rose; 2. Voir au début du
roman, page 27, ligne 2; 3. Sur ce fait historique, Chateaubriand a puisé des ren-
seignements dans l'ouvrage de Charlevoix; on y trouve les circonstances précises
de la mort du P. Souël, assassiné par des Yazous; 4. Le roman se termine sur une
image ossianique.

---

**QUESTIONS**

---

**57.** Analysez le sermon du P. Souël : appelle-t-il René à retrouver la
foi? Pourquoi insiste-t-il plutôt sur l'utilité sociale dont René devrait
prendre conscience? — Une telle leçon est-elle en contradiction avec le
dessein général du *Génie du christianisme*, comme l'affirme J. Pommier? —
Pourquoi avoir prêté au P. Souël une telle rigueur? — L'intervention de
Chactas n'est-elle pas destinée à résumer, à l'usage du lecteur, la leçon
essentielle du roman? A quel moment Amélie avait-elle déjà donné un
tel conseil à René?

**58.** L'apologue du Meschacebé est-il tellement important par la signification symbolique qu'il comporte? Vers quelles images ramène-t-il le
lecteur?

**59.** Les dernières images du roman : leur valeur symbolique; en quoi
sont-elles comme un dernier écho des grands thèmes du roman? — La
rapidité de la conclusion : pourquoi le romancier prend-il le ton neutre
du chroniqueur?

# DOCUMENTATION THÉMATIQUE

réunie par la rédaction des « Nouveaux Classiques Larousse ».

# 1. LE MAL DU SIÈCLE

Dans sa *Confession d'un enfant du siècle* (I, ii), publiée en 1836, Musset analyse ce « sentiment de malaise inexprimable » et le met en relation avec l'histoire de l'époque. On se demandera dans quelle mesure il est justifié d'attribuer cet état d'esprit à des causes historiques.

Il est certain qu'il y a dans l'homme deux puissances occultes qui combattent jusqu'à la mort : l'une, clairvoyante et froide, s'attache à la réalité, la calcule, la pèse, et juge le passé ; l'autre a soif de l'avenir et s'élance vers l'inconnu. Quand la passion emporte l'homme, la raison le suit en pleurant et en l'avertissant du danger ; mais, dès que l'homme s'est arrêté à la voix de la raison, dès qu'il s'est dit : « C'est vrai, je suis un fou ; où allais-je ? » la passion lui crie : « Et moi, je vais donc mourir ? »

Un sentiment de malaise inexprimable commença donc à fermenter dans tous les jeunes cœurs. Condamnés au repos par les souverains du monde, livrés aux cuistres de toute espèce, à l'oisiveté et à l'ennui, les jeunes gens voyaient se retirer d'eux les vagues écumantes contre lesquelles ils avaient préparé leurs bras. Tous ces gladiateurs frottés d'huile[1] se sentaient au fond de l'âme une misère insupportable. Les plus riches se firent libertins ; ceux d'une fortune médiocre prirent un état, et se résignèrent soit à la robe[2], soit à l'épée ; les plus pauvres se jetèrent dans l'enthousiasme à froid, dans les grands mots, dans l'affreuse mer de l'action sans but. Comme la faiblesse humaine cherche l'association et que les hommes sont troupeaux de nature, la politique s'en mêla. On s'allait battre avec les gardes du corps sur les marches de la chambre législative, on courait à une pièce de théâtre où Talma[3] portait une perruque qui le faisait ressembler à César, on se ruait à l'enterrement d'un député libéral[4]. Mais des membres des deux partis opposés, il n'en était pas un qui, en rentrant chez lui, ne sentît amèrement le vide de son existence et la pauvreté de ses mains[5]

En même temps que la vie au-dehors était si pâle et si mesquine, la vie intérieure de la société prenait un aspect sombre et silencieux ; l'hypocrisie la plus sévère régnait dans les mœurs ; les idées anglaises se joignant à la dévotion, la gaieté même avait disparu. Peut-être était-ce la Providence qui préparait déjà ses voies nouvelles, peut-être était-ce l'ange avant-coureur des sociétés futures qui semait déjà dans le cœur des

---

femmes les germes de l'indépendance humaine, que quelque
jour elles réclameront. Mais il est certain que tout d'un coup,
chose inouïe, dans tous les salons de Paris, les hommes passèrent d'un côté et les femmes de l'autre ; et ainsi, les unes
vêtues de blanc comme des fiancées, les autres vêtus de noir
comme des orphelins, ils commencèrent à se mesurer des yeux.
Qu'on ne s'y trompe pas : ce vêtement noir que portent les
hommes de notre temps est un symbole terrible ; pour en venir
là, il a fallu que les armures tombassent pièce à pièce et les
broderies fleur à fleur. C'est la raison humaine qui a renversé
toutes les illusions ; mais elle porte en elle-même le deuil, afin
qu'on la console.

Mais les causes internes aux hommes, liées à la civilisation du
temps, n'expliquent pas tout ; dans *De la littérature* M^me de Staël
signale l'importance de l'influence exercée par Ossian.

L'ébranlement que les chants ossianiques[6] causent à l'imagination dispose la pensée aux méditations les plus profondes. La
poésie mélancolique est la poésie la plus d'accord avec la
philosophie. La tristesse fait pénétrer bien plus avant dans le
caractère et la destinée de l'homme, que toute autre disposition de l'âme. Les poètes anglais qui ont succédé aux bardes
écossais ont ajouté à leurs tableaux les réflexions et les idées
que ces tableaux mêmes devaient faire naître ; mais ils ont
conservé l'imagination du Nord, celle qui plaît sur le bord de
la mer, au bruit des vents, dans les bruyères sauvages ; celle
enfin qui porte vers l'avenir, vers un autre monde, l'âme
fatiguée de sa destinée. L'imagination des hommes du Nord
s'élance au delà de cette terre dont ils habitent les confins ; elle
s'élance à travers les nuages qui bordent leur horizon, et
semblent représenter l'obscur passage de la vie à l'éternité.
Je suis loin de comparer le génie d'Homère à celui d'Ossian[7].
Ce que nous connaissons d'Ossian[8] ne peut être considéré
comme un ouvrage ; c'est un recueil des chansons populaires
qui se répétaient dans les montagnes d'Écosse. Avant qu'Homère eût composé son poème, d'anciennes traditions existaient
sans doute en Grèce. Les poésies d'Ossian ne sont pas plus
avancées dans l'art poétique que ne devaient l'être les chants
des Grecs avant Homère. Aucune parité ne peut donc être
établie avec justice entre *l'Iliade* et le poème de *Fingal*[10]. Mais
on peut toujours juger si les images de la nature, telles qu'elles
sont représenté dans le Midi, excitent des émotions aussi
nobles et aussi pures que celles du Nord ; si les images du
Midi, plus brillantes à quelques égards, font naître autant de
pensées, ont un rapport aussi immédiat avec les sentiments
de l'âme. Les idées philosophiques s'unissent comme d'elles-
mêmes aux images sombres. La poésie du Midi, loin de s'ac-

corder, comme celle du Nord avec la méditation, et d'inspirer, pour ainsi dire, ce que la réflexion doit prouver, la poésie voluptueuse exclut presque entièrement les idées d'un certain ordre.

On reproche à Ossian sa monotonie. Ce défaut existe moins dans les diverses poésies qui dérivent de la sienne, celle des Anglais et des Allemands. La culture, l'industrie, le commerce ont varié de plusieurs manières les tableaux de la campagne ; néanmoins, l'imagination septentrionale conservant toujours à peu près le même caractère, on doit trouver encore, même dans Young[10], Thompson[11], Klopstock[12], etc., une sorte d'uniformité. La poésie mélancolique ne peut pas se varier sans cesse. Le frémissement que produisent dans tout notre être de certaines beautés de la nature est une sensation toujours la même ; l'émotion que nous causent les vers qui nous retracent cette sensation a beaucoup d'analogie avec l'effet de l'harmonica. L'âme, doucement ébranlée, se plaît dans la prolongation de cet état, aussi longtemps qu'il lui est possible de le supporter. Et ce n'est pas le défaut de la poésie, c'est la faiblesse de nos organes qui nous fait sentir la fatigue au bout de quelque temps ; ce qu'on éprouve alors, ce n'est pas l'ennui de la monotonie, c'est la lassitude que causerait le plaisir trop continu d'une musique aérienne.

# 2. QUELQUES GRANDS THÈMES ROMANTIQUES

Si Chateaubriand annonce le romantisme, un certain nombre de thèmes caractéristiques ont déjà été évoqués par d'autres écrivains avant lui ou sont repris par des contemporains.

## 2.1. LA POÉSIE DES RUINES

◆ Diderot, *Salon* de 1767.

Dans son compte rendu d'un tableau d'Hubert Robert, Diderot se laisse aller à une longue méditation sur les ruines ; on la comparera à celles de *René,* pages 38-39, lignes 7-26.

### GRANDE GALERIE ÉCLAIRÉE DU FOND

O les belles, les sublimes ruines ! Quelle fermeté, et en même temps quelle légèreté, sûreté, facilité de pinceau ! Quel effet ! quelle grandeur ! quelle noblesse ! Qu'on me dise à qui ces ruines appartiennent, afin que je les vole : le seul moyen d'acquérir quand on est indigent. Hélas ! elles font peut-être si peu de bonheur au riche stupide qui les possède ; et elles me rendraient si heureux ! Propriétaire indolent ! quel tort te fais-je, lorsque je m'approprie des charmes que tu ignores ou que tu négliges ! Avec quel étonnement, quelle surprise je regarde cette voûte brisée, les masses surimposées à cette voûte ! Les peuples qui ont élevé ce monument, où sont-ils ? que sont-ils devenus ? Dans quelle énorme profondeur obscure et muette mon œil va-t-il s'égarer ? A quelle prodigieuse distance est renvoyée la portion du ciel que j'aperçois à cette ouverture ! L'étonnante dégradation de lumière ! comme elle s'affaiblit en descendant du haut de cette voûte, sur la longueur de ces colonnes ! comme ces ténèbres sont pressées par le jour de l'entrée et le jour du fond ! on ne se lasse point de regarder. Le temps s'arrête pour celui qui admire. Que j'ai peu vécu ! que ma jeunesse a peu duré !

C'est une grande galerie voûtée et enrichie intérieurement d'une colonnade qui règne de droite et de gauche. Vers le milieu de sa profondeur, la voûte s'est brisée, et montre au-dessus de sa fracture les débris d'un édifice surimposé. Cette longue et vaste fabrique reçoit encore la lumière par son ouverture du fond. On voit à gauche, en dehors, une fontaine ; au-dessus de cette fontaine, une statue antique assise ; au-dessous du piédestal de cette statue, un bassin élevé sur un massif de pierre ; autour de ce bassin, au-devant de la galerie, dans les entre-colonnements, une foule de petites figures, de petits groupes, de petites scènes très variées. On puise de l'eau, on se repose, on se promène, on converse. Voilà bien du mouvement et du bruit. Je vous en dirai mon avis ailleurs, monsieur Robert ; tout à l'heure. Vous êtes un habile homme. Vous excellerez, vous excellez dans votre genre. Mais étudiez Vernet. Apprenez de lui à dessiner, à peindre, à rendre vos figures intéressantes ; et puisque vous vous êtes voué à la peinture des ruines, sachez que ce genre a sa poétique. Vous l'ignorez absolument. Cherchez-la. Vous avez le faire, mais l'idéal vous manque. Ne sentez-vous pas qu'il y a trop de figures ici ; qu'il en faut effacer les trois quarts ! Il n'en faut réserver que celles qui ajouteront à la solitude et au silence. Un seul homme, qui aurait erré dans ces ténèbres, les bras croisés sur la poitrine et la tête penchée, m'aurait affecté davantage. L'obscurité seule, la majesté de l'édifice, la grandeur de la fabrique, l'étendue, la tranquilité, le retentissement sourd de l'espace m'auraient fait frémir. Je n'aurais jamais pu me défendre d'aller rêver sous cette voûte, de m'asseoir entre ces colonnes, d'entrer dans votre tableau. Mais il y a trop d'importuns. Je m'arrête. Je regarde. J'admire et je passe. Monsieur Robert, vous ne savez pas encore pourquoi les ruines font tant de plaisir, indépendamment de la variété des accidents qu'elles montrent; et je vais vous en dire ce qui m'en viendra sur-le-champ.

Les idées que les ruines réveillent en moi sont grandes. Tout s'anéantit, tout périt, tout passe. Il n'y a que le monde qui reste. Il n'y a que le temps qui dure. Qu'il est vieux, ce monde! Je marche entre éternités. De quelque part que je jette les yeux, les objets qui m'entourent m'annoncent une fin et me résignent à celle qui m'attend. Qu'est-ce que mon existence éphémère, en comparaison de celle de ce rocher qui s'affaisse, de ce vallon qui se creuse, de cette forêt qui chancelle, de ces masses suspendues au-dessus de ma tête et qui s'ébranlent? Je vois le marbre des tombeaux tomber en poussière; et je ne veux pas mourir! et j'envie un faible tissu de fibres et de chair à une loi générale qui s'exécute sur le bronze! Un torrent entraîne les nations les unes sur les autres au fond d'un abîme commun; moi, moi seul, je prétends m'arrêter sur le bord et fendre le flot qui coule à mes côtés! Si le lieu d'une ruine est périlleux, je frémis. Si je m'y promets le secret et la sécurité, je suis plus libre, plus seul, plus à moi, plus près de moi. C'est là que j'appelle mon ami. C'est là que je regrette mon amie. C'est là que nous jouirons de nous, sans trouble, sans témoins, sans importuns, sans jaloux. C'est là que je sonde mon cœur. C'est là que j'interroge le sien, que je m'alarme et me rassure. De ce lieu, jusqu'aux habitants des villes, jusqu'aux demeures du tumulte, au séjour de l'intérêt, des passions, des vices, des crimes, des préjugés, des erreurs, il y a loin.

Si mon âme est prévenue d'un sentiment tendre, je m'y livrerai sans gêne. Si mon cœur est calme, je goûterai toute la douceur de son repos.

Dans cet asile désert, solitaire et vaste, je n'entends rien; j'ai rompu avec tous les embarras de la vie. Personne ne me presse et ne m'écoute. Je puis me parler tout haut, m'affliger, verser des larmes sans contrainte.

◆ Bernardin de Saint-Pierre, *Études de la nature*, XII.

Le goût de la ruine est universel à tous les hommes. Nos voluptueux font construire des ruines artificielles dans leurs jardins; les sauvages se plaisent à se reposer mélancoliquement sur le bord de la mer, surtout dans les tempêtes; ou dans le voisinage d'une cascade au milieu des rochers... Lucrèce dit que ces sortes de goûts naissent du sentiment de notre sécurité, qui redouble à la vue du danger dont nous sommes à couvert. Nous aimons, dit-il à voir des tempêtes, du rivage... Ce genre de plaisir naît du sentiment de notre misère, qui est, comme nous l'avons dit, un des instincts de notre mélancolie. Mais nous avons encore en nous un sentiment plus sublime qui nous fait aimer les ruines, indépendamment de tout effet pittoresque, et de toute idée de sécurité ; c'est celui de la Divinité, qui se mêle toujours à nos affections mélancoliques, et qui en fait le plus grand charme... Les ruines occasionnées nous portent à plusieurs siècles en arrière, et nous intéressent par le temps nous plaisent en nous jetant dans l'infini : elles à proportion de leur antiquité... Les ruines, où la nature combat contre l'art des hommes, inspirent une douce mélancolie. Elle nous y montre la vanité de nos travaux et la perpétuité des siens...

◆ Volney, *Les ruines ou Méditations sur les révolutions des empires* (1791). On analysera comment se développe dans ce passage la méditation sur la fragilité de l'homme et de ses œuvres.

« Ici, me dis-je, ici fleurit jadis une ville opulente, ici fut le siège d'un empire puissant. Oui, ces lieux maintenant si déserts, jadis une multitude vivante animait leur enceinte ; une foule active circulait dans ces routes aujourd'hui solitaires. En ces murs où règne un morne silence, retentissaient sans cesse le bruit des arts et les cris d'allégresse et de fêtes ; ces marbres amoncelés formaient des palais réguliers ; ces colonnes abattues ornaient la majesté des temples ; ces galeries écroulées dessinaient les places publiques. Là, pour les devoirs respectables de son culte, pour les soins touchants de sa subsistance, affluait un peuple nombreux. Là, une industrie créatrice de jouissances appelait les richesses de tous les climats, et l'on voyait s'échanger la pourpre de Tyr pour le fil précieux[13] de la Sérique[14] ; les tissus moelleux de Cachemire pour les tapis fastueux de la Lydie ; l'ambre de la Baltique pour les perles et les parfums arabes ; l'or d'Ophir[15] pour l'étain de Thulé[16]. Et, maintenant, voilà ce qui subsiste de cette ville puissante, un lugubre squelette ! Voilà ce qui reste d'une vaste domination, un souvenir obscur et vain ! Au concours bruyant qui se pressait sous ces portiques, a succédé une solitude de mort. Le silence des tombeaux s'est substitué au murmure des places publiques. L'opulence d'une cité de commerce s'est changée en une pauvreté hideuse. Les palais des rois sont devenus le repaire des fauves ; les troupeaux parquent au seuil des temples, et les reptiles immondes habitent les sanctuaires des dieux ! Ah ! comment s'est éclipsée tant de gloire ?... Comment se sont anéantis tant de travaux ?... Ainsi donc périssent les ouvrages des hommes ! Ainsi s'évanouissent les empires et les nations ! »

## 2.2. LA NATURE

Dans *De l'Allemagne*, M^me de Staël commente librement une romance de Goethe et évoque le caractère poétique de la nature.

Une romance de Goethe produit un effet délicieux par les moyens les plus simples : c'est *le Pêcheur*[17]. Un pauvre homme s'assied sur le bord d'un fleuve, un soir d'été, et, tout en jetant sa ligne, il contemple l'eau claire et limpide qui vient baigner doucement ses pieds nus. La nymphe de ce fleuve l'invite à s'y plonger ; elle lui peint les délices de l'onde pendant la chaleur, le plaisir que le soleil trouve à se rafraîchir la nuit dans la mer, le calme de la lune, quand ses rayons se reposent et s'endorment au sein des flots ; enfin, le pêcheur attiré, séduit, entraîné, s'avance vers la nymphe, et disparaît pour toujours. Le fond de cette romance est peu de chose ; mais ce qui est ravissant, c'est l'art de faire sentir le pouvoir mystérieux que peuvent exercer les phénomènes de la nature. On dit qu'il y a des personnes qui découvrent les sources cachées sous la terre par l'agitation nerveuse qu'elles leur causent : on croit souvent reconnaître dans la poésie allemande ces miracles de la sympathie entre l'homme et les éléments. Le poète allemand comprend la nature, non pas seulement en poète, mais en frère ; et l'on dirait que des rapports de famille lui parlent pour l'air, l'eau, les fleurs, les arbres, enfin pour toutes les beautés primitives de la création.

Il n'est personne qui n'ait senti l'attrait indéfinissable que les vagues font éprouver, soit par le charme de la fraîcheur, soit par l'ascendant qu'un mouvement uniforme et perpétuel pourrait prendre insensiblement sur une existence passagère et périssable. La romance de Goethe exprime admirablement le plaisir toujours croissant qu'on trouve à considérer les ondes pures d'un fleuve : le balancement du rythme et de l'harmonie imite celui des flots, et produit sur l'imagination un effet analogue. L'âme de la nature se fait connaître à nous de toutes parts et sous mille formes diverses. La campagne fertile, comme les déserts abandonnés, la mer, comme les étoiles, sont soumises aux mêmes lois ; et l'homme renferme en lui-même des sensations, des puissances occultes qui correspondent avec le jour, avec la nuit, avec l'orage : c'est cette alliance secrète de notre être avec les merveilles de l'univers qui donne à la poésie sa véritable grandeur. Le poète sait rétablir l'unité du monde physique avec le monde moral : son imagination forme un lien entre l'un et l'autre.

## 2.3. LE SENTIMENT DE L'INFINI ET L'ENTHOUSIASME

Mme de Staël analyse ces deux faits dans *De l'Allemagne*, IV.

◆ Le sentiment de l'infini.

C'est au sentiment de l'infini que la plupart des écrivains allemands rapportent toutes les idées religieuses. L'on demande s'il est possible de concevoir l'infini ; cependant, ne le conçoit-on pas, au moins d'une manière négative, lorsque, dans les mathématiques, on ne peut supposer aucun terme à la durée ni à l'étendue ? Cet infini consiste dans l'absence des bornes[18] ; mais le sentiment de l'infini, tel que l'imagination et le cœur l'éprouvent est positif et créateur.

L'enthousiasme que le beau idéal nous fait éprouver, cette émotion pleine de trouble et de pureté tout ensemble, c'est le sentiment de l'infini qui l'excite. Nous nous sentons comme dégagés, par l'admiration, des entraves de la destinée humaine, et il nous semble qu'on nous révèle des secrets merveilleux pour affranchir l'âme à jamais de la langueur et du déclin. Quand nous contemplons le ciel étoilé, où des étincelles de lumière sont des univers comme le nôtre, où la poussière brillante de la voie lactée trace avec des mondes une route dans le firmament, notre pensée se perd dans l'infini, notre cœur bat pour l'inconnu, pour l'immense, et nous sentons que ce n'est qu'au delà des expériences terrestres que notre véritable vie doit commencer[19].

Quand nous nous livrons en entier aux réflexions, aux images, aux désirs qui dépassent les limites de l'expérience, c'est alors seulement que nous respirons. Quand on veut s'en tenir aux intérêts, aux convenances, aux lois de ce monde, le génie, la sensibilité, l'enthousiasme, agitent péniblement notre âme ; mais ils l'inondent de délices quand on les consacre à ce souvenir, à cette attente de l'infini qui se présente, dans la métaphysique, sous la forme des dispositions innées ; dans la vertu, sous celle du dévouement ; dans les arts, sous celle de l'idéal, et dans la religion elle-même, sous celle de l'amour divin.

Le sentiment de l'infini est le véritable attribut de l'âme : tout ce qui est beau dans tous les genres excite en nous l'espoir et le désir d'un avenir éternel et d'une existence sublime ; on ne peut entendre ni le vent dans la forêt, ni les accords délicieux des voix humaines ; on ne peut éprouver l'enchantement de l'éloquence ou de la poésie ; enfin, surtout, on ne peut aimer avec innocence, avec profondeur, sans être pénétré de religion d'immortalité.

Tous les sacrifices de l'intérêt personnel viennent du besoin de se mettre en harmonie avec ce sentiment de l'infini dont on éprouve tout le charme, quoiqu'on ne puisse l'exprimer. Si la puissance du devoir était renfermée dans le court espace de cette vie, comment donc aurait-elle plus d'empire que les passions sur notre âme ? qui sacrifierait des bornes à des bornes ? *Tout ce qui finit est si court,* dit saint Augustin ; les instants de jouissance que peuvent valoir les penchants terrestres et les jours de paix qu'assure une conduite morale différeraient de bien peu, si des émotions sans limite et sans terme ne s'élevaient pas au fond du cœur de l'homme qui se dévoue à la vertu.

Beaucoup de gens nieront ce sentiment de l'infini; et, certes, ils sont sur un excellent terrain pour le nier, car il est impossible de le leur expliquer; ce n'est pas quelques mots de plus qui réussiront à leur faire comprendre ce que l'univers ne leur a pas dit. La nature a revêtu l'infini des divers symboles qui peuvent le faire arriver jusqu'à nous : la lumière et les ténèbres, l'orage et le silence, le plaisir et la douleur, tout inspire à l'homme cette religion universelle dont son cœur est le sanctuaire.

◆ L'enthousiasme.

Beaucoup de gens sont prévenus contre l'enthousiasme; ils le confondent avec le fanatisme, et c'est une grande erreur. Le fanatisme est une passion exclusive, dont une opinion est l'objet; l'enthousiasme se rallie à l'harmonie universelle : c'est l'amour du beau, l'élévation de l'âme, la jouissance du dévouement, réunis dans un même sentiment, qui a de la grandeur et du calme. Le sens de ce mot, chez les Grecs, en est la plus noble définition : l'enthousiasme signifie *Dieu en nous.* En effet, quand l'existence de l'homme est expansive, elle a quelque chose de divin.

Tout ce qui nous porte à sacrifier notre bien-être ou notre propre vie est presque toujours de l'enthousiasme; car le droit chemin de la raison égoïste doit être de se prendre soi-même pour but de tous ses efforts, et de n'estimer dans ce monde que la santé, l'argent et le pouvoir. Sans doute la conscience suffit pour conduire le caractère le plus froid dans la route de la vertu; mais l'enthousiasme est à la conscience ce que l'honneur est au devoir : il y a en nous un superflu d'âme qu'il est doux de consacrer à ce qui est beau, quand ce qui est bien est accompli.

## 2.4. LA SOLITUDE

◆ Bernardin de Saint-Pierre, *Études de la nature,* XII.

C'est encore la mélancolie qui rend la solitude si attrayante. La solitude flatte notre instinct animal, en nous offrant des abris d'autant plus tranquilles que les agitations de notre vie ont été plus grandes; et elle étend notre instinct divin, en nous donnant des perspectives où les beautés naturelles et morales se présentent avec tous les attraits du sentiment.

◆ Senancour, *Oberman,* extrait de la lettre XXII.

Il y a dans moi un dérangement, une sorte de délire, qui n'est pas celui des passions, qui n'est pas non plus de la

folie : c'est le désordre des ennuis; c'est la discordance
qu'ils ont commencée entre moi et les choses : c'est l'inquiétude que des besoins longtems comprimés ont mis à la place
des desirs.
Je ne veux plus de desirs, ils ne me trompent point. Je ne
veux pas qu'ils s'éteignent, ce silence absolu serait plus
sinistre encore. Cependant c'est la vaine beauté d'une rose
devant l'œil qui ne s'ouvre plus; ils montrent ce que je ne
saurais posséder, ce que je puis à peine voir. Si l'espérance
semble encore jeter une lueur dans la nuit qui m'environne,
elle n'annonce rien que l'amertume qu'elle exhale en s'éclip-
sant; elle n'éclaire que l'étendue de ce vide où je cherchais,
et où je n'ai rien trouvé.
De doux climats, de beaux lieux, le ciel des nuits, des sons
ineffables, d'anciens souvenirs; les tems, l'occasion; une
nature belle, expressive, des affections sublimes, tout a passé
devant moi; tout m'appelle, et tout m'abandonne. Je suis
seul; les forces de mon cœur ne sont point communiquées,
elles réagissent dans lui, elles attendent : me voilà dans le
monde, errant, solitaire au milieu de la foule qui ne m'est
rien; comme l'homme frappé dès long-tems d'une surdité
accidentelle, dont l'œil avide se fixe sur tous ces êtres muets
qui passent et s'agitent devant lui. Il voit tout, et tout lui est
refusé : il devine les sons qu'il aime, il les cherche, et ne
les entend pas : il souffre le silence de toutes choses au
milieu du bruit du monde. Tout se montre à lui, il ne saurait
rien saisir : l'harmonie universelle est dans les choses exté-
rieures, elle est dans son imagination, elle n'est plus dans son
cœur : il est séparé de l'ensemble des êtres, il n'y a plus de
contact; tout existe en vain devant lui, il vit seul, il est
absent dans le monde vivant.

## 2.5. LA MÉLANCOLIE

◆ Bernardin de Saint-Pierre, *Études de la nature*, XII.

Je ne sais à quelle loi physique les philosophes peuvent
rapporter les sensations de la mélancolie. Pour moi, je trouve
que ce sont les affections de l'âme les plus voluptueuses.
Cela vient, ce me semble, de ce qu'elle satisfait à la fois les
deux puissances dont nous sommes formés, le corps et l'âme,
le sentiment de notre misère et celui de notre excellence.
Ainsi, par exemple, dans le mauvais temps, le sentiment de
ma misère humaine se tranquillise, en ce que je vois qu'il
pleut, et que je suis à l'abri; qu'il vente, et que je suis dans
mon lit bien chaudement. Je jouis alors d'un bonheur néga-
tif. Il s'y joint ensuite quelques-uns de ces attributs de la
Divinité, dont les perceptions font tant de plaisir à notre

âme, comme de l'infinité en étendue, par le murmure lointain des vents... Si je suis triste, et que je ne veuille pas étendre mon âme si loin, je goûte encore du plaisir à me laisser aller à la mélancolie que m'inspire le mauvais temps. Il me semble alors que la nature se conforme à ma situation, comme une tendre amie. Elle est d'ailleurs, toujours si intéressante, sous quelque aspect qu'elle se montre, que quand il pleut, il me semble voir une belle femme qui pleure. Elle me paraît d'autant plus belle qu'elle me semble plus affligée... Il faut, pour jouir du mauvais temps, que notre âme voyage, et que notre corps se repose. C'est par l'harmonie de ces deux puissances de nous-mêmes que les plus terribles révolutions de la nature nous intéressent davantage que ses tableaux les plus riants...

◆ M^{me} de Staël, *De la littérature*, II, V.

Le célèbre métaphysicien allemand Kant, en examinant la cause du plaisir que font éprouver l'éloquence, les beaux-arts, tous les chefs-d'œuvre de l'imagination, dit[20] que ce plaisir tient au besoin de reculer les limites de la destinée humaine : ces limites qui resserrent douloureusement notre cœur, une émotion vague, un sentiment élevé les fait oublier pendant quelques instants ; l'âme se complaît dans le sentiment inexprimable que produit en elle ce qui est noble et beau, et les bornes de la terre disparaissent quand la carrière immense du génie et de la vérité s'ouvre à nos yeux : en effet, l'homme supérieur ou l'homme sensible se soumet avec effort aux lois de la vie, et l'imagination mélancolique rend heureux un moment en faisant rêver l'infini.
Le dégoût de l'existence, quand il ne porte pas au découragement, quand il laisse subsister une belle inconséquence : l'amour de la gloire, le dégoût de l'existence peut inspirer de grandes beautés de sentiment ; c'est d'une certaine hauteur que tout se contemple ; c'est avec une teinte forte que tout se peint. Chez les anciens, on était d'autant meilleur poète que l'imagination s'enchantait plus facilement. De nos jours, l'imagination doit être aussi détrompée de l'espérance que de la raison ; c'est ainsi que cette imagination philosophe peut encore produire de grands effets.
Il faut qu'au milieu de tous les tableaux de la prospérité même, un appel aux réflexions du cœur vous fasse sentir le penseur dans le poète. A l'époque où nous vivons, la mélancolie est la véritable inspiration du talent : qui ne se sent pas atteint par ce sentiment, ne peut prétendre à une grande gloire comme écrivain ; c'est à ce prix qu'elle est achetée.

◆ Senancour, *Oberman*, lettre **XXIV**.

*Fontainebleau, 28 octobre, II.*

Lorsque les frimats s'éloignent, je m'en aperçois à peine :
le printems passe, et ne m'a pas attaché ; l'été passe, je ne
le regrette point ; mais je me plais à marcher sur les feuilles
tombées, aux derniers beaux jours, dans la forêt dépouillée.
D'où vient à l'homme la plus durable des jouissances de mon
cœur, cette volupté de la mélancolie, ce charme plein de
secrets, qui le fait vivre de ses douleurs et s'aimer encore
dans le sentiment de sa ruine ? Je m'attache à la saison heureuse qui bientôt ne sera plus : un intérêt tardif, un plaisir
qui paraît contradictoire m'amène à elle alors qu'elle va finir.
Une même loi morale me rend pénible l'idée de la destruction, et m'en fait aimer ici le sentiment dans ce qui doit
cesser avant moi. Il est naturel que nous jouissions mieux
de l'existence périssable, lorsqu'avertis de toute sa fragilité,
nous la sentons néanmoins durer en nous. Quand la mort
nous sépare de tout, tout reste pourtant ; tout subsiste sans
nous. Mais, à la chute des feuilles, la végétation s'arrête,
elle meurt ; nous, nous restons pour des générations nouvelles : et l'automne est délicieuse parce que le printems doit
venir encore pour nous.
Le printems est plus beau dans la nature ; mais l'homme a
tellement fait que l'automne est plus douce. La verdure qui
naît, l'oiseau qui chante, la fleur qui s'ouvre ; et ce feu qui
revient affermir la vie, ces ombrages qui protègent d'obscurs
asiles ; et ces herbes fécondes, ces fruits sans culture, ces
nuits faciles qui permettent l'indépendance ! Saison du bonheur ! Je vous redoute trop dans mon ardente inquiétude. Je
trouve plus de repos vers le soir de l'année : et la saison où
tout paraît finir, est la seule où je dorme en paix sur la
terre de l'homme.

## 2.6. LE DÉSENCHANTEMENT

◆ M^me de Staël, *De la littérature*, I, II.

Ce que l'homme a fait de plus grand, il le doit au sentiment
douloureux de l'incomplet de sa destinée. Les esprits médiocres
sont, en général, assez satisfaits de la vie commune : ils
arrondissent, pour ainsi dire, leur existence, et suppléent
à ce qui peut leur manquer encore par les illusions
de la vanité ; mais le sublime de l'esprit, des sentiments
et des actions, doit son essor au besoin d'échapper aux
bornes qui circonscrivent l'imagination. L'héroïsme de
la morale, l'enthousiasme de l'éloquence, l'ambition de
la

gloire, donnent des jouissances surnaturelles qui ne sont nécessaires qu'aux âmes à la fois exaltées et mélancoliques, fatiguées de tout ce qui se mesure, de tout ce qui est passager, d'un terme enfin, à quelque distance qu'on le place. C'est cette disposition de l'âme, source de toutes les passions généreuses, comme de toutes les idées philosophiques, qu'inspire particulièrement la poésie du Nord.

◆ Senancour, *Oberman,* lettre XVIII.

*Fontainebleau, 17 août, II.*

Même ici, je n'aime que le soir. L'aurore me plaît un moment : je crois que je sentirais sa beauté, mais le jour qui va la suivre doit être si long ! J'ai bien une terre libre à parcourir ; mais elle n'est pas assez sauvage, assez imposante. Les formes en sont basses ; les roches petites et monotones ; la végétation n'y a pas en général cette force, cette profusion qui m'est nécessaire ; on n'y entend bruire aucun torrent dans des profondeurs inaccessibles : c'est une terre des plaines. Rien ne m'opprime ici, rien ne me satisfait. Je crois même que l'ennui augmente : c'est que je ne souffre pas assez. Je ne suis donc plus heureux ? Point du tout : souffrir ou être malheureux, ce n'est pas la même chose ; jouir ou être heureux, ce n'est pas non plus une même chose. Ma situation est douce, et je mène une triste vie. Je suis ici on ne peut mieux ; libre, tranquille, bien portant, sans affaires, indifférent sur l'avenir dont je n'attends rien, et perdant sans peine le passé dont je n'ai pas joui. Mais il y a dans moi une inquiétude qui ne me quittera pas ; c'est un besoin que je ne connais pas, que je ne conçois pas, qui me commande, qui m'absorbe, qui m'emporte au-delà des êtres périssables... Vous vous trompez, et je m'y étais trompé moi-même : ce n'est pas le besoin d'aimer. Il y a une distance bien grande du vide de mon cœur à l'amour qu'il a tant désiré ; mais il y a l'infini entre ce que je suis, et ce que j'ai besoin d'être. L'amour est immense, il n'est pas infini. Je ne veux point jouir ; je veux espérer, je voudrais savoir ! Il me faut des illusions sans bornes, qui s'éloignent pour me tromper toujours. Que m'importe ce qui peut finir ? L'heure qui arrivera dans soixante années est là tout auprès de moi. Je n'aime point ce qui se sépare, s'approche, arrive, et n'est plus. Je veux un bien, un rêve, une espérance enfin qui soit toujours devant moi, au-delà de moi, plus grande que mon attente elle-même, plus grande que tout ce qui se passe. Je voudrais être toute intelligence, et que l'ordre éternel du monde... Et, il y a trente ans, l'ordre était, et je n'étais point !

Accident éphémère et inutile, je n'existais pas, je n'existerai pas : Je trouve avec étonnement mon idée plus vaste que mon être ; et, si je considère que ma vie est ridicule à mes propres yeux, je me perds dans des ténèbres impénétrables. Plus heureux, sans doute, celui qui coupe du bois, qui fait du charbon, et qui prend de l'eau bénite quand le tonnerre gronde ! Il vit comme la brute ? Non : mais il chante en travaillant. Je ne connaîtrai point sa paix, et je passerai comme lui. Le tems aura fait couler sa vie ; l'agitation, l'inquiétude, les phantômes d'une puérile grandeur égarent et précipitent la mienne.

◆ Senancour, *Oberman,* lettre LXXV.

*Im., 28 juin, IX.*

Je n'attendrai plus des jours meilleurs. Les mois changent, les années se succèdent ; tout se renouvelle en vain ; je reste le même. Au milieu de ce que j'ai desiré, tout me manque ; je n'ai rien obtenu, je ne possède rien : l'ennui consume ma durée dans un long silence. Soit que les vaines sollicitudes de la vie me fassent oublier les choses naturelles, soit que l'inutile besoin de jouir me ramène à leur ombre, le vide m'environne tous les jours, et chaque saison semble l'étendre davantage autour de moi. Nulle intimité n'a consolé mes ennuis dans les longues brumes de l'hiver. Le printemps vint pour la nature, il ne vint point pour moi. Les jours de vie réveillèrent tous les êtres : leur feu indomptable me fatigua sans me ranimer ; je devins étranger dans le monde heureux. Et maintenant les fleurs sont tombées, le lys a passé lui-même : la chaleur augmente, les jours sont plus longs, les nuits sont plus belles ! Saison heureuse ! Les beaux jours me sont inutiles, les douces nuits me sont amères. Paix des ombrages ! brisement des vagues ! silence ! lune ! oiseaux qui chantiez dans la nuit ! sentimens des jeunes années, qu'êtes-vous devenus ?

Les fantômes sont restés : ils paraissent devant moi ; ils passent, repassent, s'éloignent, reparaissent comme une nuée mobile sous cent formes pâles et gigantesques. Vainement je cherche à commencer avec tranquillité la nuit du tombeau : mes yeux ne se ferment point. Ces fantômes de la vie se montrent sans relâche, en se jouant silencieusement ; ils approchent et fuient, s'abîment et reparaissent : je les vois tous, et je n'entends rien ; je les fixe, c'est une fumée ; je les cherche ils ne sont plus. J'écoute, j'appelle, je n'entends pas ma voix elle-même, et je reste dans un vide intolérable, seul, perdu, incertain, pressé d'inquiétude et d'étonnement, au milieu des ombres errantes, dans l'espace impalpable et muet. Nature impénétrable ! ta splendeur m'accable, et tes bienfaits me consument. Que sont pour moi ces longs jours? Leur lumière commence trop tôt; leur brûlant midi m'épuise et la navrante harmonie de leurs soirées célestes fatigue les cendres de mon cœur : le génie qui s'endormait sous ses ruines, a frémi du mouvement de la vie.

Les neiges fondent sur les sommets; les nuées orageuses roulent dans la vallée : malheureux que je suis! les cieux s'embrasent, la terre mûrit, le stérile hiver est resté dans moi. Douces lueurs du couchant qui s'éteint! grandes ombres des neiges perdurables! !... Et l'homme n'aurait que d'amères voluptés quand le torrent roule au loin dans le silence universel, quand les chalets se ferment pour la paix de la nuit, quand la lune monte sur le Velan!

Dès que je sortis de cette enfance que l'on regrette, j'imaginai, je sentis une vie réelle mais je n'ai trouvé que des sensations fantastiques : je voyais des êtres, il n'y a que des ombres : je voulais de l'harmonie, je ne trouvai que des contraires. Alors je devins sombre et profond; le vide creusa mon cœur; des besoins sans bornes me consumèrent dans le silence, et l'ennui de la vie fut mon seul sentiment dans l'âge où l'on commence à vivre. Tout me montrait cette félicité pleine, universelle, dont l'image idéale est pourtant dans le cœur de l'homme, et dont les moyens si naturels semblent effacés de la nature. Je n'essayais encore que des douleurs inconnues : mais quand je vis les Alpes, les rives de leurs lacs, le silence de leurs chalets, la permanence, l'égalité des tems et des choses, je reconnus des traits isolés de cette nature pressentie : je vis les reflets de la lune sur le schiste des roches et sur les toits de bois; je vis des hommes sans desirs; je marchai sur l'herbe courte des montagnes; j'entendis des sons d'un autre monde.

Je redescendis sur la terre; là s'évanouit cette foi aveugle à l'existence absolue des êtres, cette chimère de rapports réguliers, de perfections, de jouissances positives; brillante supposition dont s'amuse un cœur neuf, et dont sourit douloureusement celui que plus de profondeur a refroidi, ou qu'un plus long tems a mûri.

Mutation sans terme, action sans but, impénétrabilité universelle; voilà ce qui nous est connu de ce monde où nous régnons.

Une destinée indomptable efface nos songes : et que met-elle dans cet espace qu'encore il faut remplir? Le pouvoir fatigue : le plaisir échappe : la gloire est pour nos cendres : la religion est un système du malheureux : l'amour avait les couleurs de la vie, l'ombre vient, la rose pâlit, elle tombe, et voici l'éternelle nuit.

Cependant notre ame était grande : elle voulait, elle devait :

qu'a-t-elle fait ? J'ai vu sans peine étendue sur la terre et frappée de mort, la tige antique fécondée par deux cents printems. Elle a nourri l'être animé, elle l'a reçu dans ses asiles ; elle a bu les eaux de l'air, elle subsistait malgré les vents orageux ; elle meurt au milieu des arbres nés de son fruit. Sa destinée est accomplie ; elle a reçu ce qui lui fut promis : elle n'est plus, elle a été.

Mais ce sapin placé par les hasards sur le bord du marais ! Il s'élevait sauvage, fort et superbe, comme au milieu des rochers déserts, comme l'arbre des forêts profondes : énergie trop vaine ! les racines s'abreuvent dans une eau fétide, elles plongent dans la vase impure : la tige s'affaiblit et se fatigue ; la cime penchée par les vents humides, se courbe avec découragement ; les fruits, rares et faibles, tombent dans la bourbe et s'y perdent inutiles. Languissant, informe, jauni, vieilli avant le tems et déjà incliné sur le marais, il semble demander l'orage qui doit l'y renverser ; car sa vie a cessé long-tems avant sa chute.

# 3. CHATEAUBRIAND ET *RENÉ*

## 3.1. UN JUGEMENT SUR *RENÉ*

Dans les *Mémoires d'outre-tombe* (II, 1, 11), Chateaubriand porte avec un certain recul son jugement sur le *Génie du christianisme* et sur les deux ouvrages annexes qui sont *Atala* et *René*.

Un épisode du *Génie du Christianisme,* qui fit moins de bruit alors qu'*Atala,* a déterminé un des caractères de la littérature moderne ; mais, au surplus, si *René* n'existait pas, je ne l'écrirais plus ; s'il m'était possible de le détruire, je le détruirais. Une famille de René poètes et de René prosateurs a pullulé : on n'a plus entendu que des phrases lamentables et décousues ; il n'a plus été question que de vents et d'orages, que de maux inconnus livrés aux nuages et à la nuit. Il n'y a pas de grimaud sortant du collège qui n'ait rêvé être le plus malheureux des hommes ; de bambin qui à seize ans n'ait épuisé la vie, qui ne se soit cru tourmenté par son génie ; qui, dans l'abîme de ses pensées, ne se soit livré au *vague de ses passions* ; qui n'ait frappé son front pâle et échevelé, et n'ait étonné les hommes stupéfaits d'un malheur dont il ne savait pas le nom, ni eux non plus.

Dans *René*, j'avais exposé une infirmité de mon siècle ; mais c'était une autre folie aux romanciers d'avoir voulu rendre universelles des afflictions en dehors de tout. Les senti-

ments généraux qui composent le fond de l'humanité, la
tendresse paternelle et maternelle, la piété filiale, l'amitié,
l'amour, sont inépuisables; mais les manières particulières
de sentir, les individualités d'esprit et de caractère ne peuvent
s'étendre et se multiplier que dans de grands et nombreux
tableaux. Les petits coins non découverts du cœur de
l'homme sont un champ étroit; il ne reste rien à recueillir
dans ce champ après la main qui l'a moissonné la première.
Une maladie de l'âme n'est pas un état permanent et naturel : on ne peut la reproduire, en faire une littérature, en
tirer parti comme d'une passion générale incessamment
modifiée au gré des artistes qui la manient et en changent la
forme.

## 3.2. LES SOURCES AUTOBIOGRAPHIQUES DE *RENÉ*

Nous avons rassemblé ici certains textes des *Mémoires* concernant
les rapports de Chateaubriand et de Lucile. Ils peuvent nous
aider, si nous les confrontons avec certains passages du roman,
à mieux analyser la part de réalité et la part de fiction que
celui-ci renferme.

*Mémoires d'outre-tombe*, I, I, 4, — *René,* page 31.

Lucile, la quatrième de mes sœurs, avait deux ans de plus que
moi. Cadette délaissée, sa parure ne se composait que de la
dépouille de ses sœurs. Qu'on se figure une petite fille maigre,
trop grande pour son âge, bras dégingandés, air timide, par-
lant avec difficulté et ne pouvant rien apprendre; qu'on lui
mette une robe empruntée à une autre taille que la sienne;
renfermez sa poitrine dans un corps piqué dont les pointes
lui faisaient des plaies aux côtés; soutenez son cou par un
collier de fer garni de velours brun; retroussez ses cheveux
sur le haut de sa tête, rattachez-les avec une toque d'étoffe
noire; et vous verrez la misérable créature qui me frappa en
rentrant sous le toit paternel. Personne n'aurait soupçonné
dans la chétive Lucile, les talents et la beauté qui devaient
un jour briller en elle.
Elle me fut livrée comme un jouet; je n'abusai point de mon
pouvoir; au lieu de la soumettre à mes volontés, je devins
son défenseur. On me conduisait tous les matins avec elle
chez les sœurs Couppart, deux vieilles bossues habillées de
noir, qui montraient à lire aux enfants. Lucile lisait fort mal,
je lisais encore plus mal. On la grondait; je griffais les sœurs :
grandes plaintes portées à ma mère. Je commençais à passer
pour un vaurien, un révolté, un paresseux, un âne enfin. Ces

idées entraient dans la tête de mes parents : mon père disait
que tous les chevalier de Chateaubriand avaient été des fouet-
teurs de lièvres, des ivrognes et des querelleurs. Ma mère
soupirait et grognait en voyant le désordre de ma jaquette.
Tout enfant que j'étais, le propos de mon père me révoltait ;
quand ma mère couronnait ses remontrances par l'éloge de
mon frère qu'elle appelait un Caton, un héros, je me sentais
disposé à faire tout le mal qu'on semblait attendre de moi.

*Mémoires d'outre-tombe*, I, III, 7. — *René,* page 36.

Lucile était grande et d'une beauté remarquable, mais sérieuse.
Son visage pâle était accompagné de longs cheveux noirs ; elle
attachait souvent au ciel ou promenait autour d'elle des
regards pleins de tristesse ou de feu. Sa démarche, sa voix,
son sourire, sa physionomie avaient quelque chose de rêveur
et de souffrant. Lucile et moi nous nous étions inutiles. Quand
nous parlions du monde, c'était de celui que nous portions
au-dedans de nous et qui ressemblait bien peu au monde
véritable. Elle voyait en moi son protecteur, je voyais en
elle mon amie. Il lui prenait des accès de pensées noires que
j'avais peine à dissiper : à dix-sept ans, elle déplorait la perte
de ses jeunes années ; elle se voulait ensevelir dans un cloître.
Tout lui était souci, chagrin, blessure : une expression qu'elle
cherchait, une chimère qu'elle s'était faite, la tourmentaient
des mois entiers. Je l'ai souvent vue, un bras jetté sur sa tête,
rêver immobile et inanimée ; retirée vers son cœur, sa vie
cessait de paraître au-dehors ; son sein même ne se soulevait
plus. Par son attitude, sa mélancolie, sa vénusté, elle ressemblait à un génie funèbre. J'essayais alors de la consoler, et
l'instant d'après je m'abîmais dans des désespoirs inexpli-
cables.
Lucile aimait à faire seule, vers le soir, quelque lecture
pieuse : son oratoire de prédilection était l'embranchement
de deux routes champêtres, marqué par une croix de pierre et
par un peuplier dont le long style s'élevait dans le ciel comme
un pinceau. Ma dévote mère toute charmée disait que sa fille
lui représentait une chrétienne de la primitive Eglise, priant à
ces stations appelées *laures*.
De la concentration de l'âme naissaient chez ma sœur des
effets d'esprit extraordinaires : endormie, elle avait des songes
prophétiques ; éveillée, elle semblait lire dans l'avenir. Sur
un palier de l'escalier de la grande tour, battait une pendule
qui sonnait le temps au silence ; Lucile, dans ses insomnies,
s'allait asseoir sur une marche, en face de cette pendule :
elle regardait le cadran à la lueur de sa lampe posée à terre.
Lorsque les deux aiguilles unies à minuit enfantaient dans
leur conjonction formidable l'heure des désordres et des

crimes, Lucile entendait des bruits qui révélaient des trépas lointains. Se trouvant à Paris quelques jours avant le 10 août, et demeurant avec mes autres sœurs dans le voisinage du couvent des Carmes, elle jette les yeux sur une glace, pousse un cri et dit : « Je viens de voir entrer la mort. » Dans les bruyères de la Calédonie, Lucile eût été une femme céleste de Walter Scott, douée de la seconde vue ; dans les bruyères armoricaines, elle n'était qu'une solitaire avantagée de beauté, de génie et de malheur.

*Mémoires d'outre-tombe,* I, III, 8. — *René,* page 31.

La vie que nous menions à Combourg, ma sœur et moi, augmentait l'exaltation de notre âge et de notre caractère. Notre principal désennui consistait à nous promener côte à côte dans le grand Mail, au printemps sur un tapis de primevère, en automne sur un lit de feuilles séchées, en hiver sur une nappe de neige que brodait la trace des oiseaux, des écureuils et des hermines. Jeunes comme les primevères, tristes comme la feuille séchée, purs comme la neige nouvelle, il y avait harmonie entre nos récréations et nous. Ce fut dans une de ces promenades que Lucile, m'entendant parler avec ravissement de la solitude, me dit : « Tu devrais peindre tout cela. » Ce mot me révéla la muse ; un souffle divin passa sur moi. Je me mis à bégayer des vers, comme si c'eût été ma langue naturelle ; jour et nuit je chantais mes plaisirs, c'est-à-dire mes bois et mes vallons ; je composais une foule de petites idylles ou tableaux de la nature. J'ai écrit longtemps en vers avant d'écrire en prose : M. de Fontanes prétendait que j'avais reçu les deux instruments.

---

1. Les lutteurs antiques se frottaient d'huile avant le combat ; 2. Magistrature ; 3. Acteur célèbre (1763-1826) ; resté fidèle à Napoléon et au goût classique, il triomphait dans des pièces à sujet romain ; 4. Le général Foy, enterré le 30 novembre 1825 ; environ cent mille personnes suivirent son enterrement ; 5. Moyens d'actions ; 6. En 1765 avaient paru les œuvres d'Ossian, en deux volumes. Ces œuvres connurent en France un succès considérable. James Macpherson, qui prétendait les avoir traduites du gaélique n'avait fait que délayer le thème dominant des anciens poèmes gaéliques ; 7. Barde écossais du IIIe s., fils de Fingal, roi de Morven ; 8. Ce qu'un mystificateur, Macpherson a publié sous son nom ; 9. Macpherson publia *Fingal, Temora,* 10. *Young* (1681-1765) : auteur des *Nuits,* qui, traduites en France par Le Tourneur, fournirent de thèmes poétiques le romantisme naissant ; 11. *Thomson* (1700-1748) : poète écossais, auteur des *Saisons,* de la *Liberté* et d'œuvres dramatiques ; 12. *Klopstock* (1724-1803) : auteur de la *Messiade ;* 13. Soie ; 14. Nom de l'extrême-Orient chez les Anciens ; 15. Pays légendaire d'où, d'après la Bible, Salomon tirait son or ; 16. Ile fabuleuse des mer du Nord ; 17. Composé en 1778, musique de Schubert ; 18. Pascal a tenté de donner une impression de l'infini de l'espace : Nous avons beau enfler nos conceptions au-delà des espaces imaginables, nous n'enfantons que des atomes, au prix de la réalité des

choses. C'est une sphère dont le centre est partout, la circonférence nulle part ; **19.** Chez Pascal, la conclusion d'une longue méditation sur les deux infinis est celle-ci : « Qui se considérera de la sorte s'effrayera de soi-même et, se considérant soutenu dans la masse que la nature lui a donné entre ces deux abîmes de l'infini et du néant, il tremblera dans la vue de ces merveilles ; et je crois que sa curiosité se changeant en admiration, il sera plus disposé à les contempler en silence qu'à les rechercher avec présomption » ; **20.** Dans la *Critique du jugement esthétique*.

# JUGEMENTS SUR « RENÉ »

**L'accueil fait au nouveau roman.**

*Le texte de René étant inséré dans le Génie du christianisme, les premières critiques émises sur le roman se confondent avec les jugements qui sont portés sur l'ensemble de l'ouvrage. La presse catholique et officielle porte aux nues le Génie du christianisme; lorsqu'on trouve, comme dans le Mercure de France, une appréciation particulière sur René, on constate qu'elle est l'écho des intentions de Chateaubriand.*

Ce roman doit surtout plaire aux lecteurs qui conservent quelques souvenirs de l'âge d'inquiétude et des passions naissantes qu'on a voulu peindre. [...]

Peut-être même que jugeant ce petit ouvrage d'après le mérite de la composition et des difficultés vaincues, ils préféreront aux amours de Chactas les rêveries du jeune René. D'ailleurs la moralité est tout à fait neuve, et malheureusement d'une application très étendue. Elle s'adresse à ces nombreuses victimes de l'exemple du jeune Werther, de Rousseau, qui ont cherché le bonheur loin des voies communes de la société.

> Article dans le *Mercure de France*
> (15 floréal an X, 5 mai 1802).

*Mais un passage de la défense du « Génie du christianisme » (1803) prouve que, dès le début, le roman est en butte à des critiques venues autant des libres penseurs ou des idéologues, héritiers de la philosophie du XVIII<sup>e</sup> siècle, que des catholiques traditionalistes, inquiets de voir l'apologie de la religion confiée à des romans de moralité douteuse. On trouvera ce passage inséré par Chateaubriand lui-même dans la Préface de 1805 (voir page 21).*

**« René » à l'époque romantique.**

*Les témoignages de Sainte-Beuve et de George Sand résument bien l'engouement romantique pour René.*

25 mai 1820. J'ai lu *René*, et j'ai frémi. Je ne sais si tout le monde a reconnu dans ce personnage quelques-uns de ses traits : pour moi, je m'y suis reconnu tout entier; et ce souvenir, lorsque j'y pense,

seul à la clarté de la lune, ou dans les ombres de la nuit, me jette dans une mélancolie profonde à laquelle je ne tarderai pas à succomber si elle était continuelle, et si quelqu'un ne venait fort à propos m'arracher à ces sombres et funestes délices que je savoure.

Sainte-Beuve,
*les Petits Carnets de Sainte-Beuve,*
dans *la Revue hebdomadaire* du 29 juillet 1916.

Je n'avais pas lu *René*, je le lus enfin et j'en fus singulièrement affectée. Il me sembla que René, c'était moi.

George Sand,
*Histoire de ma vie* (1854).

*Et c'est à ce moment que par un curieux retour des choses, Chateaubriand, devenu vieux, désavoue son œuvre, dont l'intention lui paraît faussée par les générations nouvelles.*

Un épisode du *Génie du christianisme*, qui fit moins de bruit alors qu'*Atala*, a déterminé un des caractères de la littérature moderne, mais au surplus, si René n'existait pas, je ne l'écrirais plus; s'il m'était possible de le détruire, je le détruirais. Une famille de René poètes et de René prosateurs a pullulé : on n'a plus entendu que des phrases lamentables et décousues; il n'a plus été question que de vents et d'orages, que de mots inconnus livrés aux nuages et à la nuit. Il n'y a pas de grimaud sortant du collège qui n'ait rêvé être le plus malheureux des hommes; de bambin qui à seize ans, n'ait épuisé la vie, qui ne se soit cru tourmenté par son génie; qui, dans l'abîme de ses pensées, ne se soit livré au vague des passions; qui n'ait frappé son front pâle et échevelé et n'ait étonné les hommes stupéfaits d'un malheur dont il ne savait pas le nom, ni eux non plus.

*Mémoires d'outre-tombe*, II, I, 11.

## « René » après 1850.

*La réaction antiromantique qui commence après 1848 porte condamnation contre les illusions auxquelles se complaisait René, ainsi que tous les héros issus de lui. Ce n'est pas sans ironie que Baudelaire constate la déchéance du sentimentalisme romantique à une époque qui se vante d'être positive, mais Taine fait un appel tout à fait sérieux en faveur d'une conception réaliste du roman.*

Disparaissez donc, ombres fallacieuses de René, d'Obermann et de Werther; fuyez dans les brouillards du vide, monstrueuses créations de la paresse et de la solitude, comme les pourceaux dans le lac de Génézareth, allez vous replonger dans les forêts enchantées d'où vous tirèrent les fées ennemies, moutons attaqués du vertigo romantique. Le génie de l'action ne vous laisse plus de place parmi nous.

Charles Baudelaire,
*l'Art romantique* (1851).

Nous ne sommes plus au temps où les poètes, maudissant la société et niant la science, appelaient de leurs déclamations et de leurs vœux le magnifique avenir qui devait réparer tout ce que leur siècle avait détruit. Nous ne voulons plus pour héros des Solitaires désespérés ou des jeunes gens enthousiastes. Nous demandons qu'on nous montre des personnages moins rêveurs, moins chimé-riques, exempts des imaginations humanitaires, moins occupés à lever de grands bras vers l'absolu, plus prompts à comprendre le monde et à se comprendre eux-mêmes; bref, plus positifs et plus critiques.

Hippolyte Taine,
*Essais de critique et d'histoire* (1866).

*Mais on commence bientôt à avoir assez de recul pour essayer de replacer, sans aucune intention polémique, René dans l'histoire de la littérature et de la civilisation.*

L'influence de Chateaubriand sur les mœurs a été considérable à ce point qu'il les a touchées en leur source au fond de l'âme. Il a presque inventé des états psychologiques. La désespérance, la mélancolie, la fatigue d'être sont devenues des états ordinaires après lui, et des habitudes morales, et jusqu'à des habitudes mondaines.

Émile Faguet,
*Etudes littéraires du dix-neuvième siècle* (1887).

## XXᵉ SIÈCLE

*Les critiques plus récents se placent également dans la perspective de l'explication historique, mais en même temps ils découvrent les motifs qui donnent au roman de Chateaubriand une actualité renouvelée, dans la mesure où la mélancolie de René s'est intégrée à la sensibilité moderne.*

Toutes les nuances douloureuses de l'âme venant d'une cause initiale, la misère de l'homme qui ne veut être que lui-même, sont ici reflétées. Curieux et las, avide et dégoûté, puéril et tragique, promenant d'expérience en expérience son mortel ennui, René est atteint d'une maladie qui est, si l'on veut, plus particulièrement le mal de son siècle, mais qui est aussi notre mal à tous. Dans la richesse et dans la profondeur de cette psychologie ne manque pas l'attrait du fruit défendu, le désir de ce qu'interdisent la loi humaine et la loi divine : René écoute quelquefois les accents de ce démon de la perversité que Baudelaire magnifiera.

Paul Hazard,
Préface à une édition d'*Atala, René* (1926).

La définition que Chateaubriand y donne de cet état spécial que la génération suivante devait appeler le mal du siècle est indispensable à qui veut comprendre la portée et la signification de *René*.

C'est à proprement parler le mal de la civilisation, et d'une civilisation vieillie, où les ressorts de la volonté se sont affaiblis, où l'on a fait le tour de tous les systèmes, où l'on est revenu de toutes les illusions généreuses — où l'on se trouve, pour employer une formule cartésienne « sans maximes d'action ».

Georges Chinard,
Introduction à une édition d'*Atala* et *René* (1930).

Quel moraliste en effet avait jamais sondé avec tant de lucidité les abîmes de la désespérance? Depuis le Livre de Job, qui donc avait dit d'une manière aussi poignante le néant de la créature humaine réduite à sa seule humanité? Et, de 1802 à nos jours, si l'on excepte les meilleures pages des *Mémoires d'outre-tombe,* la littérature n'a pas exploré plus avant les incertitudes du cœur : romantiques, naturalistes, existentialistes ont composé des œuvres plus longues, plus lourdes et plus verbeuses que *René*. Ils n'ont rien produit qui aille plus loin.

Ni surtout qui soit plus beau. Car, au point de vue de l'art et de la forme, le petit récit chateaubrianesque conserve le premier rang. Poème en prose comme *Atala*, il est moins chargé qu'elle; son exotisme n'est pas aussi éclatant et sa langue est moins riche en expressions imitées des Sauvages. Mais, dans sa simplicité magnifique et avec une discrétion digne des classiques pour traduire tout ce que le sujet comporte d'audacieux, l'ensemble garde d'une façon soutenue l'harmonie d'un chant désespéré.

Fernand Letessier,
Introduction à une édition d'*Atala, René* (1962).

# SUJETS DE DEVOIRS ET D'EXPOSÉS

● Comparez le personnage de René à celui de Saint-Preux (ou à celui de Werther, d'Obermann, de Ruy Blas, d'Hernani, de Lorenzaccio). En faisant un parallèle entre René et un (ou plusieurs) de ces personnages, étudiez l'évolution du « mal du siècle ».

● « La mélancolie est la véritable inspiratrice du talent », dit M<sup>me</sup> de Staël (*De la littérature*). Appréciez cette remarque; dites dans quelle mesure elle vous paraît s'appliquer à Chateaubriand dans sa conception de *René*.

● En vous aidant des trois premiers livres de la première partie des *Mémoires d'outre-tombe* et en comparant de façon rigoureuse certaines pages de *René* à certains passages des *Mémoires*, montrez dans quelle mesure Chateaubriand peut s'identifier à son héros. Étudiez comment Chateaubriand, dans le roman, transpose ses souvenirs d'enfance et de jeunesse.

● Chateaubriand a déclaré dans les *Mémoires d'outre-tombe* : « Si René n'existait pas, je ne l'écrirais plus; s'il m'était possible de le détruire, je le détruirais. » Qu'est-ce qui a pu amener Chateaubriand à faire une telle déclaration? La littérature française n'y aurait-elle pas perdu?

● La nature dans *René*. Son évocation. Quelle place tient-elle dans le roman?

● Par l'étude précise de quelques pages empruntées à *René*, pouvez-vous vérifier cette opinion du poète Chênedollé, contemporain de Chateaubriand : « Chateaubriand est le seul écrivain en prose qui donne la sensation du vers : d'autres ont un sentiment exquis d'harmonie, mais c'est une harmonie oratoire; lui seul a une harmonie de poésie »?

● On a parfois accusé Chateaubriand de manquer de sincérité. Que faut-il entendre par là? En quel sens pourrait-on au contraire parler de la sincérité de Chateaubriand?

● En vous référant à *René*, expliquez et discutez ce jugement d'un critique : « Chateaubriand a enseigné la poésie redoutable qu'on tire des souffrances de son propre cœur à toutes les générations qui l'ont suivi. [...] Il se complaît dans la description et le goût de cette douleur. Mais lui-même se porte très bien. En dessinant les liens qui unissent la littérature à la vie, il fait, lui, de la littérature pure. »

# TABLE DES MATIÈRES

Imprimerie-Reliure Mame - 37000 Tours.
Dépôt légal Juin 1966. — N° 12121. — N° de série Éditeur 13239.
IMPRIMÉ EN FRANCE (Printed in France). — 870 029 E Février 1986.